お伊勢参りと熊野詣

【日本人の原風景 II】

The Pilgrimage to Ise and Kumano

edited by Masayuki Ikeda and Hiroshi Tujibayasi

かまくら春秋社

日本人の原風景Ⅱ

お伊勢参りと熊野詣

装丁／中村　聡

目次

はじめに

本年は伊勢神宮の式年遷宮の年に当たり、来年は「紀伊山地の霊場と参詣道」世界遺産登録十周年を迎えます。

「お伊勢参り」と「熊野詣」は、今も昔も変わることなく、祈りと救済と再生を求める巡礼の旅にちがいありません。しかし、この二つの聖地巡礼の旅の成立には、異なる歴史的、宗教的背景があります。本書ではまず、その相違点を明らかにしようと試みました。

さらに日本人の古来の祈りの旅として、その共通性・双方向性にも注目しました。そして、「熊野古道」という伊勢から熊野へと至る祈りの道にスポットを当て、日本人の信仰のかたちを辿ってみることにしました。

永遠の生命を寿ぐ常若の美《うま》し国伊勢、すべての人を受け容れる蘇りの隠国《こもりく》熊野―この二つの聖地は、日本の復興を願う私たちにとっては、これからも祈りと再生の原点となっていくのではないでしょうか。二〇一一年三月十一日の東日本大震災以後、私はますますその感を深めています。

日本人は、なぜ、これほどまでに伊勢と熊野に惹かれるのでしょうか。今日でも、伊勢と熊野をめざす老若男女は相も変わらず絶えることはありません。私たちはこの伊勢と熊野の人気の謎を解き明かすために、本書をつくったといってもよいでしょう。

読者の皆さんには、掲載された十二本の原稿からご自分の納得いく答えを見つけ出していただきたいと思います。そして、この書を手に伊勢から熊野へと旅をしながら、思い思いの日本の原風景を発見していただければ幸いです。

伊勢と熊野は、生まれ育った故郷でもありますが、私にとってのこの二つの聖地は、たえず立ち返るべき「再生のためのトポス（場所）」といえます。苦難に陥った時、私の脳裏に浮かぶのは、四、五才の頃、母に手を引かれて歩いた熊野古道の一情景です。今となっては、セピア色の古ぼけた一枚のショットにすぎませんが、その幻影はいつでも私を温かく包む、母なる国、熊野の原風景となっているのです。

本書は早稲田大学エクステンションセンターの二つの講座「聖地・熊野と伊勢」（二〇一〇年四月）と「記紀神話と熊野」（二〇一三年一月）から誕生しました。講座開講に当たり、ご支援下さった公益社団法人和歌山県観光連盟、伊勢文化舎、東紀州地域振興公社の皆様に心よりお礼申し上げます。カバー写真は、新宮市の写真家、楠本弘児さんの作品を使わせていただきました。

最後になりましたが、刊行に際して、ご協力いただいた皆様方に改めて感謝いたします。

二〇一三年　秋

池田雅之

伊勢神宮の歴史と遷宮

河合真如

人間の規範としての神話

伊勢の神宮、歴史は二千年です。式年遷宮については、千三百年の歴史があります。年間のお祭の数は千五百回になります。面積は、五千五百ヘクタールほどです。これはどれほどかと言いますと、東京でたとえると、世田谷区とほぼ同じ面積です。国際的に言うと、パリ市街ぐらいです。スポーツ好きな人には、東京ドーム千二百個分の面積を有していると言うと分かりやすいでしょうか。

伊勢の神宮にはどういう神様が祀られているか、それを語るところから始めたいと思います。天照大神は伊勢の神宮、皇大神宮（内宮）の祭神です。この神様の神格を語るのが天の岩戸の神話で、高天原という天上界の物語です。そこでは、アマテラスオオミカミを中心に日々、様々なことが行われていました。基本的に大きく三つに分けることができます。

まず最初に稲作です。それから機織りです。そして、神聖な御殿において祭というものが行われていました。要するに、衣食住の根源は神々の世界にまずあったと、神話は意識化をさせています。

ところが、この平和な衣食住に満ち足りた天上界に波乱が起こります。荒ぶる神が登場するのです。スサノオノミコトです。なぜ、荒ぶる神が現れたかというと、イザナギノミコト、イザナミノミコトがスサノオノミコトの父母神になるのですが、イザナミノミコト、つまり母神が亡くなり、それを嘆き悲しんだのがスサノオノミコトです。やがて母のいる根の国に行くことになって、「暇乞い」ということで天上界に向かいますが、泣き荒んだり母を恋しがるあまり粗暴な振る舞いをしてしまいます。

皇大神宮御正殿 内宮（写真提供：神宮司庁）

アマテラスオオミカミは優しく接するのですが、スサノオノミコトはだんだんと乱暴が昂じてきて、稲作の妨害、水田耕作ができないような行いに及ぶ。果ては機織りの妨害までしてしまいます。そうなると、着るものが無くなるわけです。また、神聖な御殿に穢らわしい、汚らしいことをする。衣食住という「暮らし」が崩壊の危機に瀕することになります。アマテラスオオミカミはその所業に驚き悲しみ、天の岩戸、つまり深い暗い洞窟の中に籠られます。これがまさに衣食住という生活が成り立たなくなった折の、この世の中の象徴的な表現だと思います。あるいはまた、悲しみに打ちひしがれたその心情が暗闇世界であると考えることもできます。

　いずれにしても、荒ぶる神の出現によって天上界の暮らしは壊滅的な打撃を受けます。天上界は困ってしまいます。その時に神々が知恵と力を結集して、事の解決に当たります。オモイカネノミコトという非常に頭のいい神様が中心となって、会議が始まります。この時に榊の木を引き抜いて、岩戸の前に立てました。鏡、勾玉を作ってその榊に飾り付けました。鶏も集められました。鶏というのは夜明けごろに、声高らかに鳴きます。そうした中から「陽鳥信仰《ようちょう》」が生まれました。「陽鳥」は太陽の「陽」と「鳥」という字を書きますが、光を招く鳥として信仰を集めたのです。

　声のいい神様がその思いを込めて岩戸の前で祝詞を奏上する。力の強い神様は、岩戸をなんとか開けようと力を込める。アメノウズメノミコトという女神さまは、芸能の神様として信仰を集めており、俳優《わざおぎ》の始祖と言われていますが、この神様が心を込めて神楽を舞うことによって、その場の雰囲気を和らげるという役割を担われました。このお祭の結果、天の岩戸は開かれてこの世の中に平安が戻ったというふうに『古事記』『日本書紀』には書かれています。

　いかなる難局であろうとも、その中で心を合わせて皆がそれぞれの技や特徴を生かして団結すれば、再び秩序と明るい世の中が構築できるんだという教えが、この神話の中には記されています。

この時にアマテラスオオミカミが出られた岩屋には、二度とお入りになれないように注連縄《しめなわ》が張られたと書かれております。これが今日、神社などで見られる注連縄のルーツだと言われています。今でも縄が張ってあったり、縄張りという言葉もありますが、縄に紙垂が付いていると、やはりそこはタブーとして、踏み越えてはいけない場所という感覚があります。神話に見られるように、聖域、あるいは立ち入ってはならないことを示す形式というのは、古くからあったようです。

この天の岩戸が開かれた時に、神々の顔が白くなったというように書いてあるのが『古語拾遺』という書物です。平成二十二年五月の東京新聞に、「面白い」の語源について書きましたが、高杉晋作の辞世に「面白きこともなき世に（を）面白く」とあります。その「面白い」というのは、天の岩戸開きの神話に由来すると読み取ることができます。顔は「おも」と言います。「面長の顔」、「面長の美人」というように、顔のことを「面《おも》」と言いました。神々の顔がまさに真闇の世界で暗く打ち沈んでいた。それが輝かしい、また未来が構築された時にぱっと目の前が明るくなって、顔が白々とした。それで面が白くなり、ゆえに「面白い」ということになるのです。

つまり、「面白い」というのは、ただげらげら笑うとか、面白可笑しいだけではなく、あらゆるものが自然に美しく、そして豊かに継続していくその感覚こそが楽しく朗らかなものである、という意味なのです。

高杉晋作の師匠は吉田松陰です。吉田松陰も神話を非常に大事にしていました。そして松陰は「告げわたるかけの八声にひさかたの天の戸開けて春は来にけり」という歌を詠んでいます。この天の岩戸の神話のように、いかなる難局であろうと力を合わせて心を一つにして頑張れば、輝かしい未来を構築できるという信念は、高杉晋作にも受け継がれています。神話は人間の働く規範というものにもなっていたのです。

この難局の中で心を合わせて行われたことが、いわゆる今日の祭のルーツということになります。神前に玉串《たまぐし》として榊《さかき》を捧げるのも、この神話が基になっています。この榊にかけられた鏡が、今、伊勢の神宮でお祀りをしている八咫鏡《やたのかがみ》です。勾玉《まがたま》は、今、宮中において、奉安されているものです。三種の神器の一つ、天叢雲剣《あめのむらくものつるぎ》、これは草薙剣《くさなぎのつるぎ》とも言うのですが、この時に作られたものです。これについては、天の岩戸開きの後日談というのがあります。

天の岩戸が閉じられたのは、悪しき所業によるものです。たった一人といえども何か悪行を行えば、それが多くのもの、全世界へ及ぶという戒めにもなっています。ですから、この期に及んでは、スサノオノミコトは禊《みそぎ》を受けざるを得なくなります。今も、世間で何か仕出かしたときに禊をするなどと言いますが、昔は本当に禊をしたのです。どういうことが行われたかと言うと、スサノオの天上からの追放です。髪や爪を抜かれ、風雨が激しくても休むことを許されず、青草で笠と蓑を作り、たしなみつつ地上に向かう。ちなみにこの「たしなみ」には「辛苦」という字が当てられています。

アマテラスオオミカミの弟でも、悪行を行えば、身をもってそれを贖《あがな》わなければならない。因果律、因果応報というものが書かれているのです。しかし、単に追放して、それですむわけがありません。禊をして心を入れ替えて清々《すがすが》しい心に立ちかえることが大事だということを、さらに神話は語ってくれます。スサノオノミコトはこの地上に降りてきて、あのヤマタノオロチを退治することによって、さらに清々しく英雄神へと変貌します。

天の岩戸の神話からヤマタノオロチの退治までのお話は、簡単に言うと、天上界を追放された神が地上に降りて来て、クシイナダヒメという、美しい、おそらく水田、稲田を象徴する女神様であると思いますが、その女神様を救う物語です。

これはもう少し現実的に考えると、ヤマタノオロチは深い山から稲田に押し寄せる荒き水と考えられます。あるいは、濁流ということになるのかもしれません。ですから、そのヤマタノオロチを退治したということは、山を治め（治山）、川を治め（治水）た英雄の働きというふうにも読み取ることができます。稲田を救う英雄の姿がそこにあるのです。生きていくために、稲作を維持するために、治水工事を行った、と読むことができるのです。またこの後で、「宝剣・天叢雲剣」がオロチから出てきたという点については、その川の砂鉄を取り出して道具に変えたというふうにも読めます。

初めのうちは、天叢雲剣は豊かな雲雨、雲とか雨をイメージする言葉でありましたけれども、やがてこれがヤマトタケルノミコトの時代になりますと、草薙剣と名前も変わります。これは草を切り倒していくというイメージで描かれるわけですが、道具というものがまさに自然の雨水というものを管理し、積極的に農耕に進んでいくという過程を表わしていると言えます。

いずれにしても、禊をすましたあとの活躍は素晴らしく、スサノオノミコトはヤマタノオロチから出たという宝剣を今度は堂々と天上界に持ち帰って、アマテラスオオミカミに献上するのです。いかに尊い者でも、悪いことをすれば、罰を受けなくてはならない。しかし永遠に罰を受けるのではなく、自分の心の中で逆にそれをばねにして正しいことをすれば、また輝かしい天上と結ばれるんだということを、この神話は説き示しています。

神業の継承と祭文化の誕生

その剣は、勇気の象徴として三種の神器の一つとなります。あらゆるものを映し出す鏡は、智恵の象徴とされました。鏡に向かうとき、人は正直にならざるを得ません。眠たそうな顔をしていれば、眠たい顔しか映りません。また、鏡を見続けていると、自分の父母に似てくる自分、あるいはおじいさん、おばあさんに似てくる自分を確認することができます。そのため祖先崇拝の道具としても使われました。勾玉は仁愛、愛の象徴として大事にされました。故に鏡と勾玉と剣は、智・仁・勇の象徴として皇位継承の神器とされてきました。

この三種の神器とともに、アマテラスオオミカミから稲穂を授かり、地上に天下《あまくだ》られたという話がニニギノミコトの天孫降臨の神話です。天上の美風が地上に降ろされたというロマン溢れるお話です。面白い世の中を作っていくために、神様の業《わざ》を我々は継承しているのだということになるわけです。

日本人の道徳観念というのは、神様と共に神様のなされたことを守っていくのだということです。神話が教えるのは、衣食住は神々が生み出され、我々に与えてくれたものだということです。ですから、神業というのはウルトラCのようなとんでもない技ではなく、継続していくならば、永遠に平和を保つことのできる技のことです。

天孫により地上に下されたその神器とともに、アマテラスオオミカミは宮中で祀られていました。ところが今からおよそ二千年前、第十代崇神天皇の御代に宮中から遷《うつ》されました。これは天変地異があったからです。おそらくは天候不順、作物の不足から病気が発生して、多くの民が流離《さすら》った、あるいは亡くなったということだと思います。これについて昔の人々は、何か事が起こった時には、神の啓示ではないかと思っていたところがあります。

これはなにも日本だけのことではありません。ギリシア神話の中でも、雷は全能神ゼウスが下す天罰と言われていました。また、ギリシア神話の英雄ペルセウスが退治したクレタ島の怪物は、海神ポセイドンへのお祭を国王がおろそかにしたため、その罪から生まれたと記されております。自然や神の恵みを忘れて傲慢になりがちな人間を戒める寓話というのは、非常に多い。当時の日本人も、やはりそのように何か神々に対して失礼があったのではないのかと思っていたようです。天皇も自分が住んでいる御殿で神様をお祀りしているのは畏れ多いことではないか、と考えられたのです。そして三輪山の近くの桧原神社あたりで、アマテラスオオミカミを祀るようになりました。

次の十一代垂仁天皇の御代に皇女・ヤマトヒメノミコトによる宮地を定める旅が始まりました。神様を祀るにふさわしい、さらに良い場所はないか、ということで各地を巡られました。そしてついに伊勢の国に到着なさった。『日本書紀』には、「神風の伊勢國は、常世《とこよ》の浪重浪《しきなみ》帰《よ》する國なり。かた國の美し國なり。この國に居らむとおもう」とアマテラスオオミカミがおっしゃったとあります。これを今日の言葉に直すと、「伊勢の国というのは美しく豊かな神の風が吹いていて、絶えることなく波が寄せる永遠の理想の地である。美しい山があり、川があり、そして海がある。ここに鎮まりたい」ということです。

それを察知したのが、ヤマトヒメノミコトで、アマテラスオオミカミのお声をもっとも多く聞かれた方です。倭《やまと》を代表する女性、まさに倭の姫であったわけです。このヤマトヒメノミコトが神託を得た結果、五十鈴川の上流に皇大神宮（内宮）が創建されました。これが約二千年前ということになります。ヤマトヒメノミコトはアマテラスオオミカミの理想であるまさに豊穣の国を造るために、様々なことをされました。神に仕えるということは、神を信じ祈ることは当然ですけれど、それを実行する、具現化することでもあります。

ヤマトヒメノミコトは神々にお供えするために水田、あるいは野菜、果物を作る畑、塩を作る浜辺、鯛やアワビを獲るところ、これを全部定められました。経済的基盤の確立なくして、事を成していくことはできません。神業の継承のためにはただ念ずるだけではいけない。実際の行動に移さなければならないということを自らお示しになった。それは当り前のことですが、その当たり前のことを当たり前のこととして受け継いでいくための基盤を確立させたということになります。

式年遷宮は神業の継承の証

伊勢の神宮の年間最大のお祭というのが、神嘗祭《かんなめさい》です。神様が嘗める祭と書きます。「嘗める」には「食べる」という意味もあります。これは毎年十月の十五日から二十五日にかけて行われる神宮最大のお祭です。神宮には様々な御料施設がありますが、神宮神田という神様の田んぼでは、お米を作っています。ここでは年間のお祭に供するお米と、そして万一不作だった時のことを考えて、余剰米を作っています。神宮は管理能力に長けたところですから、お米をその年の分だけとればいいというのではなくて、余分めに作っておく。何がどうあってもこの祭を続けていくんだという覚悟があるからです。

こうした神田で作った新米をお供えするのが、神嘗祭というお祭です。この神嘗祭には、天上の神々がなされたことをしっかり継承されている天皇陛下からも初穂が献上されます。天皇陛下は宮中の御田《みた》に立たれて種を蒔かれ、田植えをなされて、そして稲刈りをされる。この十月の神嘗祭に、さらなる永遠の祈りを込められ、お米を届けられています。

伊勢の神宮においてはこの神嘗祭を年間最大のものとして、祭器具類、つまりお祭に使う道具を一新するという風習があります。伊勢の地方では、これを神嘗正月と呼びます。初穂と同時に新しい年が到来したようにそれを奉祝し、未来を彩ってもらおうという願いを込めて、神嘗のお祭は行われます。夜の十時、深夜の二時にその初穂がお供えされます。浄闇《じょうあん》という言い方をしていますが、まさに清らかな闇の中でこのお祭は行われるのです。

「闇」の字は、門の中に音を書きますが、これはまさに神の音連れ、門の中に神様をお招きするという意味合いがあります。神秘の闇の中で、神々と語らうかのように感謝を込める祝詞が

神嘗祭（写真提供：神宮司庁）

奏上されます。天上の神々の恵みに感謝をして、しずしずと真心を込めた祭というものが毎年毎年行われています。そしてそこで使われる祭器具類も一新してお祭が続けられてきました。このお祭の延長線上にあるのが、式年遷宮です。

二十年に一度、古い御殿から新しい御殿へ向かって、行列が組まれます。これは、夜、古い御殿から新しい御殿に神様をお遷《うつ》しする行列です。絹《きぬ》垣《がき》という白いカーテンのような絹のガードがあるのですが、この中にアマテラスオオミカミのご神体である八《や》咫鏡《たのかがみ》が新しい御殿へと遷り、お鎮まりになります。これは、式年遷宮諸祭の中でも最も重要なものとされている「遷御《せんぎょ》」というお祭です。

神嘗祭では毎年、神々のお供えのための案《あん》（机）であるとか、神職が座る薄縁《うすべり》などを新しくしますが、毎回、御社殿を新しくすることはできません。それで二十年に一度、お社も新しくしてさらなる恵みを祈るという祭が式年遷宮です。祭というものは、まさしく神業の継承であり、未来というものを見つめた永遠の営みです。

では、「式年遷宮」とは何か。「式年」と「遷宮」は分けて説明しなくてはなりません。「遷宮」というのは古い御殿から新しい御殿に神様をお遷しするという意味で、宮を新たに建て替え、神様をお遷しすることです。この行事があることで、伊勢の神宮は永遠に瑞々しさを保ってきたのです。古いものは、どんどん朽ちていきます。しかし、遷し替えることで、その形を守りながら精神を伝えることができる。

堅牢なものを目指して作られたものは山ほどあります。しかし、堅牢な材料を使えば使うほど、それを再現する技術も難しくなっていきます。例を挙げると、ギリシアのパルテノン神殿。遺跡としての美しさは保っていますが、もはや神は祀られていません。それからピラミッド。私たちの時代、あれは王様の墓だと習いました。今日では、分からないというのが正解のようです。あの堅牢な石で造られたものが、何のために造られたのかは不明であり、今では風化の一途をたどるばかりです。

それに比べて伊勢の神宮は、草と木でできています。草というのは萱ですが、一般的な名称ではススキのことです。ススキの茎の部分を使っています。耐久性は、堅牢な石に比べればありませんが、しかしここには、その社殿を建て直すことで営々とその命を長らえるというパラドックスがあります。これが遷宮です。ギリシアのパルテノン神殿に匹敵する美だと言われています。ブルーノ・タウトはまさにそのように表現しましたが、ギリシアのパルテノン神殿は今や廃墟です。一方、伊勢の神宮の建物は、木と草でできたがゆえにいつも瑞々しい姿を保っていると言えるでしょう。アメリカのアントニン・レーモンドという建築家が伊勢にやって来て、「世界で一番古くて新しいものが存在する」と感嘆の言葉を述べています。

古い形態が常に新しく存在し続けている。まさにこれは英知です。伊勢の森の中に同じ敷地を持って、古い御殿があるうちに新しい御殿を建てるのですから、モデルがそこにあるわけです。そこで寸分たがわぬか、比較がなされます。故に形式がそのまま伝えられ、継承されていくのです。

次に「式年」とは何か。「式」は「定めの年」です。例えば、成人式は二十歳でやっていますし、入学した小学生の卒業式は六年です。これが定めの年なのです。さらに、「年」は、地球が太陽を一周する時間、三百六十五日と五時間四十八分四十六秒だと、今日では教えられていますが、もともとは天地の恵みによって実る稲の更新周期からできた言葉です。日本を瑞穂《みずほ》の国と呼ぶのも、常に美しい稲穂の実りを称えた言葉です。まさに「年」というのは稲が永遠に新しくなっていく周期でもあります。ですから、遷宮にも「年」は大きな意味を持つことになります。

式年を二十年と定めたのにも根拠があります。今、私たちは貨幣経済の中で生きていますが、昔は米が税でした。米が多くの力の源であったということを忘れがちですが、これはまだ近年のことにすぎません。かつては、お米がお金の代わりに使われていました。伊勢の神宮では、お札、お守りの値段を初穂料と書いています。それはお米がお金であった時代の名残です。時代劇のなかで百万石という言葉が出てきますが、これは年間百万人の人を養うことができる米があるという意味です。ですから、大名たちは一万石より十万石、十万石より五十万石が欲しいということで、一所懸命御奉公してその禄高《ろくだか》を増やしていこうと思ったのです。

伊勢の神宮の式年遷宮をする上でもお米の力、税の力が必要だということで、式年が二十年になりました。それはなぜ二十年かというと、倉庫令の中に、「糒《ほしい》は二十年を支えよ」というように記載されていたからです。糒（乾飯《ほしいい》）とは、お米を蒸しあげて天日に乾したものです。今日のいわゆるフリーズドライのようなものです。生米ではもちません。しかし、乾燥米にしておくと、二十年間もちます。ですから、今ですと私たちが貯金をしていくように、毎年、毎年、お米がとれたときに、糒にして倉にストックしておくならば、二十年間保つことができた。不作の年もありますから、二十年の周期で貯め続けていけば、大きな遷宮を行うに値する力になったということです。神業を継承し、その祭を続けていくためにも、神宮を新たにするにも、やはり米の力が必要だったのです。

定めを守り行うためには、何かの経済的基盤が必要になります。非常に科学的な観察眼を、それを見極める心の目を日本人は持っていたということになります。故に、世の中が平安であれば、この式年遷宮を続けることができました。一時期、戦乱期には延期の時代はありましたけれど、式年遷宮が千三百年間の歴史伝統を保ち続けた秘密とは、こうした知恵にあったと言えましょう。

ここでまた疑問が起こってくると思います。伊勢の神宮の歴史は二千年です。しかし、式年遷宮は千三百年と言われています。ここで遷宮というのは、千三百年前にしかなかったのかという疑問があろうかと思います。私が千三百年と言っておりますのは、式年制度ができてからの千三百年でございます。それまでは二十年に一度ではおそらくなかったと思います。老朽化したり、あるいは何か天災が起こったときは、必ずや建て替えられていたと思います。七百年間何もなかったとは、私も思いません。

遷宮の歴史はおそらく古いでしょうけれど、式年という制度が定められて以降は千三百年です。その千三百年前というのは持統天皇の御代のことです。天武天皇の御発案によって、天武天皇のお妃で次の天皇になられた持統天皇の御代に第一回の式年遷宮が行われました。制度化された遷宮は、その時代からだということになります。

では、なぜこの時代に式年遷宮の制度が確立されたのかということですが、これは残念ながら文献が残っていません。推測するだけです。私の推論では、この時代は中国大陸から様々な文物が入ってきた時代です。あの法隆寺のように、掘立柱ではない建築ができました。それから瓦ぶきの技術も入ってきておりました。そうした技法を使えばもっと立派な御殿がおそらくできたのでしょうが、実はそれゆえにこの式年遷宮の制度ができたのではないかと思っております。

文明開化の時代に、日本には欧米文化がたくさん入ってきました。国風のものがどんどん駆逐されようとしていた時代、やはり明治天皇に進言した人がいました。レンガ造り、コンクリート造りにしたらどうかと。それは経済的であったかもしれません。見た目にも立派な近代建築ができたかもしれません。しかし、明治天皇はそれを一蹴されました。日本の国が守ってきたもの、祖先が守ってきたものを大事にしたいというその御心の中で、それらの案は退けられました。もし、明治天皇が新しいものを取り入れて、永遠に残る社殿を造ろうと思ったら、伊勢神宮はまったく違ったものになっていたかもしれません。しかし、天皇の英断によって、日本の本来の美意識、機能美というものが守られたのです。

こうしたことを手がかりに推論をすれば、天武・持統天皇の御代に、大陸からの文化が入ってきた中で、日本独自のものを残したいという意識が働き、制度というものが確立されたのではないかというふうに思うのです。

再び神話伝承に学ぶ

刑法というものが盛んに見直されたり、作られるようになる時代というのは、世の中が乱れていると考えられます。悪いことをしようと思う人がいなければ、刑法、刑罰はなくていいはずです。これが本当の美しい良い世界であると思います。しかし、それが乱れた時に、美しい良い世界を守るために制度化しなければならない。そういう深い思いがあって、今、伊勢の神宮の祈りと祭と文化が継承されてきたと私は思っております。

天の岩戸の神話が伝えるのは、一人でも悪しき事をすれば、世の中そのものが悪くなる。逆に言うと皆が良いことをすれば、幸せが一杯連なっていくということになります。神を意識して祭をするということは、神に恥じないように、多くの方々に迷惑をかけないように、過去から伝わってきたことを有難くいただき、それを未来に伝えていくことが大事なのだと教わることでもあるのです。

昨今では、神話教育がされなくなりました。そして、「勝ち組思想」と申しましょうか、自分の地位名誉、あるいはお金というものが逆に神のように崇められてしまっているようです。知識は良い学校に行き、良い会社に入るために必要だということで、勉強が盛んに奨励されています。しかし、知能が高まっていくにつれて、同時に心の教育もなされなければ、人間はバランスを欠いてしまいます。自分のためだからとか、人が見ていないから何をしてもいいんだという考えがあるのは、神を信ずる心が植えつけられていないからです。昔の人々は、お天道様が見ていらっしゃる、あるいは祖先に対して恥ずかしいという意識を大切にして、美しい心を継承してきたのです。

天の岩戸の神話も、まさに倫理的にいろいろなことを語ってくれています。さらに因幡の白うさぎの神話もそうです。鰐鮫《わにざめ》を騙して、それを嘲笑ったがゆえに皮を剥がれてしまうのです。さらにその後、オオクニヌシノカミのお兄さんたちに、海水に身をひたして乾かせばいいと騙されて、傷を大きくしてしまう。まさに悪いことをすれば、悪いことが自分の身にも起こってしまうということです。しかし、それを救ったのが、オオクニヌシノカミです。真水で体を洗って、蒲《がま》の穂綿にくるまりなさいと教えます。たとえ悪いことをした者にも、神は慈悲を与えてくれるのです。

神話には科学的な日本人の見方も反映されています。蒲の花粉にはフラボノイドという成分が含まれています。これには止血作用があります。血管の収縮作用がある。神話の中に書いてあることは、荒唐無稽だと思われる方もいるかもしれませんが、今日、科学的に見ても正しいことが書かれていますし、さらにものすごく倫理観に溢れる物語でもあります。自虐史観というのが構築されて、神話が荒唐無稽であるという言い方をされますが、もう一度先人たちの知恵の結晶である神話伝承に学ぶということが、輝かしい明日を作っていくことに繋がると私は思っています。

そうした教えを守ってきた伊勢の神宮は、二千年前の風景をそのまま残し、日々、そして年々、神々にその感謝の念を込めてお祭を続けています。そして二十年に一度の式年遷宮では、天上で行われていた衣食住そのままの暮らしを再現し続けていくということになるわけです。

食と住の話に加えて、最後に衣の話をしたいと思います。神宮の式年遷宮では御装束類、いわゆる着物類に至るまで、新しく作られることになっています。着物は人間にとっては必要不可欠なもので、単なるファッションではありません。昔の人は、人という字に霊処の字を当てました。霊が納まるところ、留まるところ、まさに霊魂のある場所だというふうに説いたわけです。神様に繋がる命というものを継承して、それをまた子孫に伝えていく魂のある場所です。ですから、大事にする必要がありました。人間は肉体を守るためにこの着物を着る。暑さ寒さを調節することができ、作業をするときに丸裸では傷ついてしまいますけれど、着物は、それをガードしてくれる。着物は、神に繋がるものなのです。

形見分けの風習は、その人たちの着物が美しかったからもらうというのではなくて、その人の魂が納まっていた容器である体を包んでいたものだから、いただく。魂の宿っているものとして、それを大事にするということです。それはその人のことを決して忘れません、その人の遺志を引き継ぎますという証でもあったわけです。ものが豊かになったと言われますが、そこに魂を意識しなければ、ものはただのものでしかありません。しかし、ものを作る時に魂を込める。そして魂の込もったものをまた大事にいただくことで、初めてものが豊かなものになっていくと思います。伊勢の神宮とは、この衣食住に関する祭を永遠に、ひたすらに続けていく場所なのです。これが日本文化の象徴である神宮の歴史であり、意義であるということになろうかと思います。

参考文献

『絵で見る美しい日本の歴史』河合真如（講談社）

『伊勢神宮のこころ、式年遷宮の意味』「式年の根拠」小堀邦夫（講談社）

タウトの伊勢神宮とハーンの出雲大社
―二大神社の遷宮をめぐって

池田雅之

遷座祭は日本再生のための祭事

平成二十五（二〇一三）年は、偶然にも、二十年に一度の伊勢神宮の式年遷宮と、六十年ぶりの出雲大社の大遷宮の年に当たりました。日本を代表する二つの神社の遷宮行事が同じ年に行われたわけで、私はこの二つの遷座祭に深い感慨を覚えます。平成二十三年三月十一日に起こった東日本大震災の記憶を脳裏にとどめておくためにも、この二つの祭事をとおして、今年を日本再生に向けての新たな祈りの年にしたいと願うのは、私一人ではないでしょう。

本書のタイトルは『お伊勢参りと熊野詣』となっています。しかし、今回はそのような記念すべき年を迎えましたので、いささか本題からはずれるかもしれませんが、二つの遷座祭に触れつつ、日本人の信仰心と生命観について、私見を述べさせていただければと思います。

ところで、遷宮とは一般には聞き慣れない言葉です。それは一言でいえば、「神様の引越し」のことです。伊勢神宮では、主祭神の天照大御神の御神体が旧宮《ふるみや》（古い社）をお出になり、新宮《にいみや》（新しい社）にお移りになられます。遷宮という祭事のクライマックスは、「遷御《せんぎょ》」と呼ばれていますが、この儀式は松明だけの闇夜の中で厳粛に執り行われるので、私たち一般人が立ち入ることは許されていません。伊勢神宮の式年遷宮は、途中で中断されたときもあったと聞きますが、実に千三百年以上も続けられており、二〇一三年の秋には六十二回目を迎えます。

世界でもまことにまれにみる歴史的な一大祭事といえます。

私たちは通常、伊勢神宮と呼んでいますが、正式名称は、「神宮」です。『日本書紀』によると、内宮《ないぐう》（皇大神宮）は二千年、外宮《げぐう》（豊受大神宮）は千五百年の歴史をもつといわれています。「神宮」は古代様式（唯一神明造り）を保ちつつ、二十年ごとに常に新しく建て替えられ、ご神威が更新されることになります。この「古くて新しい」というパラドックスが、「常《とこ》若《わか》」の思想といえるものなのです。ところで、伊勢神宮の場合、なぜ遷宮が二十年ごとに行われるのでしょうか。その理由は、現在の研究によると、ほぼ五つほどに集約されています。

皇大神宮御正殿 内宮（撮影／楠本弘児）

皇大神宮御正殿の屋根 内宮（撮影／楠本弘児）

①神宮の社殿は桧の素木《しらき》造りで屋根も茅葺きであるため、常に清々しく尊厳な姿を保つには二十年を限度として建て替える必要がある、とする社殿の耐久限度による尊厳保持説。

②宮大工、工匠などの伝統技術を次の世代に継承するためには、二十年が最も適切な区切りであるとする世代技術伝承説。

③旧暦では二十年（正確には十九年七ヶ月）に一度、「朔旦冬至《さくたんとうじ》」といって十一月一日と冬至が重なる。これにより原点回帰の思想がこめられているとする暦法による原点回帰説。

④社会的にも個々の人生の視点からも凡そ二十年を一区切りとして、新しい転換期が訪れるとの歴史観・人生観に立って、その折り目に当たり、皇大御神の御稜威のさらなる発揮を仰ぎ、国家、社会、国民すべての生命の更新と連続とを祈ることを強調する時代生命更新説。

⑤古代国家経済を支えた稲の貯蔵年限を定めた「糒《ほしい》（乾した飯）は廿年《にじゅうねん》を支えよ」という倉庫令（古代の基本法）の条文によって、二十年を式年とし、神宮をはじめ古代の多くの神社が実施してきた二十年に一度の造替遷宮を根拠とする糒貯蔵年限説。

（『検定　お伊勢さん』）

二十年ごとの遷宮の理由が五つほど挙げられていますが、正直いってどれも当たっているような気がします。古来よりさまざまな議論がなされてきたそうですが、定説はないとのことです。私などには④の理由が一番もっともらしいと考えられますが、『検定　お伊勢さん』によると、⑤の説が、典拠史料の上では実証されており、学界でも注目を集めている見解とのことです。

一方、出雲大社の大遷宮は、御本殿の屋根の葺き替え修理などが中心に行われる遷宮です。伊勢神宮のように新しいお宮をとなりに建てるわけではありません。御本殿の修造が終了するまでは、御祭神である大国主命の御神体は、いったん御仮殿に遷座されます。そして、二〇一三年五月には、ふたたび大修造後の御本殿にお戻りになられるのです。

ご遷宮後の出雲大社御本殿　左正面

ご遷宮後の出雲大社御本殿　右側面

出雲大社の場合は、六十年ぶりの遷宮ということになりますが、伊勢神宮の遷宮とは年数もやり方も異なります。伊勢神宮の二十年ごとの式年遷宮とは違って、出雲大社の場合は「造替《ぞうたい》遷宮」あるいは「造営遷宮」と呼んでいます。両者とも「神様の引越し」には違いありませんが、このように祭事の違いから呼称を微妙に区別しているのです。

他の神社でも遷宮という行事は行われてますが、しかしここで重要な点は、なぜこうした「遷宮」という儀式が日本の二大神社である伊勢神宮と出雲大社で大々的に執り行われているかということです。この問いは、神道の自然との深いかかわりだけでなく、日本人の心の深層にある信仰心や生命観にも触れることになると思われます。つまり、日本人自身の世界観を深く理解する上でも、この二社の遷宮はとりわけ重要です。

日本人の生命観の根底にある「常若」の思想

伊勢神宮の遷宮の秘められた意図とは、永遠に、常に若々しくあろうとする「常若」の精神を具体的に、しかも神話的に表現することにあると考えられます。遷宮にあたっては、社殿を整え、神宝や御装束を新たに作りなおし、天照大御神の御神体をあらためて迎え入れるわけですが、その神事自体は国家の平安と人々の幸せを祈る「再生」、「甦り」の儀式でもあります。

したがって、「常若」の思想とは、「古くて、しかも常に新しくある」ということであり、絶えることなく生命の循環と再生が営まれてゆくことを意味します。これは神道の考え方でもありますが、日本人の生命観と一致する考え方でもあります。

一方、出雲大社においては「常若」という言葉を用いてはいませんが、御本殿の屋根を新たな檜皮葺《ひわだぶ》きの美しい屋根に修造することによって、主祭神大国主命の御神体をお迎えし、大社に「古くて新しい」生命を吹きこむのです。

この古来からの二社の「遷宮」という祭事からも理解できるように、「常に若々しく、日々新たにありたい」という想いは、日本人の生命観の根幹にある願いです。また同時に、日本人の魂の再生と清浄を希求する生活の美学といってもよいのではないでしょうか。私たち日本人の心の深層には、このような神道的な生命の甦りの思想が、今も生きているのではないかと思われます。とりわけ私たちは、二〇一一年の3・11以後、この日本再生と生命力の甦りへの希求が日増しに強まっているのではないかと考えられます。

いうまでもなく、伊勢神宮も出雲大社も木で造られています。石造りのギリシアのパルテノン神殿やエジプトのピラミッドと比べるなら、当然朽ちるのは早い。しかし今日では、ギリシアの神殿やエジプトのピラミッドは廃墟や遺跡となってしまい、海外からの旅行客を集めるだけの単なる観光スポットになってしまいました。今や、パルテノン神殿とピラミッドは、現代人の信仰対象とはかけ離れた存在となっています。

一方、伊勢神宮も出雲大社も木造でありながら、永遠の生命の営みを繰り返す常若の象徴であり、神話の再生装置としての命脈を保ちつつ、日本人の信仰対象であり続けています。日本人は独特の滅びの美意識ももっていますが、常若の思想はそれとは全く異なる、もう一つの日本人の世界観といってよいでしょう。

なぜ西洋人は神道が理解できないか

こうした再生への祈願、「常若」の生命観をもつ日本の神道や神社の存在は、日本人以外の人びと、とりわけ西洋人の目にはどのように映っていたのでしょうか。日本の二大神社である伊勢神宮と出雲大社を訪れた代表的な西洋人たちの観察と理解を紹介してみたいと思います。そして、彼らの日本理解とはおおむねどのようなものであったかを述べてみましょう。

一八五〇年代の開国期から明治にかけて来日した外交官や日本研究者たちの神道や神社についての記述をいくつか拾い読みしてみますと、彼らにとって神道を理解するのはかなり難しかったことがわかります。たとえば、日本に精通していたはずの外交官のアーネスト・サトウ、ハリー・パークスや日本学者のW・G・アストン、B・H・チェンバレンらも、神道という信仰世界や神社の存在について偏見に満ちた、ある意味では見下した見方をしています。

アーネスト・サトウは明治七（一八七四）年、「日本アジア協会」主催の講演で、「神道は道徳律を欠いている」というヘボン博士の意見に賛成したのち、「本居宣長の説く神道は、民衆を精神的な奴隷状態におとしめる道具にほかならない」（「小泉八雲―神道発見の旅」遠田勝）とまで言い切っています。

その日のサトウの発表は「伊勢の神道の社」という考証でしたが、当時最大の日本研究組織である日本アジア協会全体の見解を代表するかのような論調であったといわれています。同協会会長のヘボン博士は「かつて私も神道の正体を見極めようと懸命に努力したが、価値あるものはなにも見つからなかった」と主張している始末です。

さらに、その意見に追い打ちをかけるように、米国人宣教師サミュエル・R・ブラウンは、「一個の宗教たるに不可欠なものの一切が神道には欠けている。これをどうして宗教と称しえるのか、私は理解に苦しむ」と断言しました。

一四〇年前のこととはいえ、日本アジア協会の知日家、日本研究者たちが、口をそろえたかのように神道を難じ、貶めているのには驚かされます。しかも、神道無理解派あるいは否定派の西洋人の流れは、その後も跡を絶たず、日本学の大御所B・H・チェンバレンの見解にも引き継がれていきます。チェンバレンは彼の代表著作『日本事物誌』で、「神道は宗教と称されることが多いが、実際はほとんどその名に値しない。教義もなければ、聖典もなく、道徳的規範すらも欠いている」と切り捨てています。

サトウ、ヘボン、ブラウン、チェンバレンらの神道観の一端を紹介しましたが、それらの見解には共通した西洋人の偏見と誤解がひそんでいるといえます。キリスト教圏から来た西洋人にとっては、自然宗教である神道は日本理解のアポリア、難問といえるものでした。神道は当時、新興国家日本の国教でありながらも、西洋の知性にとっては、不可解で、謎めいたベールに覆われていました。彼らの理解を得るための教典も、信頼すべき解説書も、当時はほとんど存在しなかったのです。

しかし、そうした文献上の手がかりがたとえあったとしても、当時の西洋人が神道を理解したかどうかは、はなはだ疑問です。後で紹介しますが、これらの西洋人の神道への無理解や批判に対して反批判を試みたのが、ラフカディオ・ハーン(小泉八雲)でした。

自然の中に神を視る日本人

キリスト教国の西洋人にとっては、イエスという絶対神のいない多神教的なアニミズム信仰は、彼らの理解を超えていたと思われます。神道の教えとは、「随神《かんながら》」の道に従うこと、つまり

「霊妙な自然の理法に随うこと」（三橋健）に他なりません。ここでいう「神」とは、唯一絶対の神ではなく、「霊妙にして畏怖すべき存在」、「自然のいとなみの不可思議さ」を指していきます。そして「道」とは、その自然の理法、真理に即して生きることを意味しているのです。

それでは、神道の感覚とはなにか、その真髄とはなんでしょうか。私はうまく言葉で説明できませんが、芭蕉の一句「あなたふと青葉若葉の日の光」を即座に想起します。芭蕉は、東照宮に参った折、青葉若葉の間から差す木漏れ陽のなかに神霊ともいえる「神」kamiを感得したのです。また、西行が伊勢神宮に参拝したときに詠んだ一首も忘れがたいものです。「何事のおはしますかは知らねどもかたじけなさに涙こぼるる」。この西行の有名な歌も、神宮という神域の「空気」の中に、神道のいう「神」を体感した神秘の瞬間を詠んだものと思われます。

芭蕉の句も、西行の歌も、実際、神社を訪ね、そこで光や自然や気配の中に「神」を体験して詠んだものです。しかし、先のサトウ、チェンバレンをはじめとする日本研究家は、数少ない文献と体験を頼りに、頭で、つまりロゴス（理性）で神道を理解しようとしていたのだと思われます。

神道の「神」とは目に見えない存在であり、その不可視な世界は「心眼」によってしか視えてこないといいます。國學院大學大学院客員教授の三橋健氏は、「心眼を見開くことで、不可視な世界を見抜くことができる」（『図説　神道』）と述べておられますが、誰でもすぐに感得できるわけではないでしょう。日本の「神」は、神社に詣でて、心を澄し、「心眼」を見開くことによってはじめて、光や樹々や空気の中に顕現してくる霊的存在といえるのではないでしょうか。

したがって、絶対的人格神としてイエスを信仰する西洋人にとっては、そもそもこうした自然に即した日本人の信仰形態は、理解の埒外に置かれていたと考えられます。その無理解の背景にはむろん、宗教的偏見のほかに、西洋至上主義的な考え方や人種主義が入り込んでいることは頷けます。日本人の自然の中に神的存在、God ならぬ kami を感知する信仰世界は、厳しい神、God の眼差しのもとで、「原罪」におびえつつ、その裁きを待つ「被造物」たる人間の信仰世界とはまったくかけ離れたものなのです。

二人の日本の「永遠の美」の発見者

日本文化の真髄をきわめて鮮烈に感受した二人の西洋人のケースについて、述べてみたいと思います。一人は建築家ブルーノ・タウト（一八八〇〜一九三八）であり、もう一人は作家ラフカディオ・ハーン（一八五〇〜一九〇四）です。

タウトは、桂離宮を日本の「永遠の美」として再評価した人物として、日本ではつとに知られています。しかし、伊勢神宮の美の発見者としても、彼の名を逸することはできません。それは日本人の信仰生活への深い直観的洞察といえるものでした。前述した西洋人たちは、伊勢神宮を見て、ある者は「大きな掘っ立て小屋」といい、またある者は「百姓が暮らす大きな農家」と表現しました。しかし、タウトは伊勢神宮の建物を見て、そこに古来からの日本人の生活ぶりや信仰、その精神性を看破することができました。

タウトは「原始日本文化は、伊勢神宮においてその極地に達した」(『日本美の再発見』)「日本建築の基礎」)といい、これ以上日本的なものはない、と絶賛しました。そして「伊勢神宮はつねに新しい。私はそのことこそ、とくに日本的な性格と思われる」と述べたのです。この卓見は、式年遷宮における「常若」の思想について言及したものと思われます。さらにタウトは「日本文化のもつ一切のすぐれた特性が渾然と融合して、ひとつの見事な結晶をなしている」のが、伊勢神宮にほかならないとまで言い切っています。伊勢神宮にこそ、つねに「古くて、新しい」日本の美が結実している、とタウトは考えたのです。タウトの「伊勢」(『ニッポン』)の冒頭を読んでみましょう。

ブルーノ・タウト

日本が世界に贈った総てのものの源泉、日本のまったく独自な文化のかぎ、全世界の讃嘆措《お》く能《あた》わざる、完全な形式を備えた日本の根源、——外宮、内宮、荒祭宮《あらまつりのみや》の諸宮を有する「伊勢」こそこれらの一切《いっさい》である。

あたかも天の成せるが如きこれらの造営物を描き写すことはとうてい出来ない。それがどのくらい年代を経たものかもわからない。それは形の上に現れているところでは、決して古くはならないのである——それらは二十一年目ごとに新しく造営され、白絹の立派な装束《しょうぞく》を纏《まと》った工匠達は、次の社殿《しゃでん》に用いる素晴《すば》らしい檜材の仕上げにたえず励んでいる。この新しい社殿は、「古い」が実際にはまだすこぶる生々しい社殿の傍に組み立てられるのである。新築にあたっては、その形式に何等《なんら》の改変も加えられない。このようにして、既に六十回以上も新築が繰り返されて来たのだということである。

（『ニッポン』「伊勢」）

タウトやハーンだけではなく、二十世紀後半に入ってからも、神道の世界観や神社の存在意義を直観的に洞察していた人物がいました。たとえば、フランスの哲学者ガブリエル・マルセルは「そこには聖なる感情が存在し、人間が自然と調和しているのが見られる」と述べました。また、イギリスの歴史学者アーノルド・トインビーは「この聖地において、私はあらゆる宗教の根底的な統一性を感得する」とまで絶賛し、神宮という存在に超宗教的な普遍性さえ認めたのでした。

しかし、イギリスの女流大旅行家のイザベラ・バード（一八三一〜一九〇四）は、前述の人たちとは違う反応を示しました。彼女は内宮に詣でた時、ここは「神道の聖域中の聖域である」（『イザベラ・バードの日本旅行』「伊勢神宮に関するノート」）と認めながらも、外宮参拝のときと同様に、あっけらかんとした建物の簡素さに落胆を隠しきれない様子でした。西洋人は装飾的でごてごてした建築物により魅力を感じるせいでしょうか。

ラフカディオ・ハーン（写真提供／小泉家）

バードは英国ヴィクトリア朝の生んだタフな世界漫遊家であり、すぐれた紀行作家でした。しかし、日本人の信仰世界へ深く分け入ることはなかったようです。むしろ、彼女の眼はお伊勢参りの通俗性の方に向いていました。近くの古市《ふるいち》や山田には遊興を商売とする茶屋や女郎屋が多いと指摘し、「日本の巡礼は厳粛なもの、信心深いものではない」と辛辣に書いています。

そういえば、明治二十九（一八九六）年の一月、ラフカディオ・ハーンも家族とともに伊勢に出かけましたが、土地に神聖感がなく、近代的な雰囲気に失望した旨を、友人の西田千太郎に書き送っています。バードは先の著作で、伊勢は「巡礼の受け入れとくだらない記念品の販売で栄えており……神聖さ以外のものならなんでもありそうだ」と手厳しく記していましたが、ハーンの目にも、伊勢神宮界隈は家族で出かけるにはふさわしくない土地柄と映っていたようです。しかしながら、バードとハーンの伊勢についての記述は、あくまで印象的なものであって、本来の伊勢神宮が伝統的に担ってきた宗教的意味とその役割への言及ではありません。

日本人の心の中に生きる信仰

最後にハーンの出雲大社における神道体験、伊勢神宮と出雲大社の関係の二点に触れて終わりたいと思います。おそらく西洋人の中でもハーンほど深く神道に近づき、それを理解した人物は、他になかなか見当たりません。ハーンの神道観は、サトウ、ヘボン、チェンバレンらの神道観とまったく対立するものであり、彼らへの批判的立場に立つものでした。

ハーンは出雲大社の本殿への正式参拝を許された初めての西洋人だといわれています。その体験をもとに「杵築《きづき》—日本最古の神社」（拙訳『新編　日本の面影』）というみごとな作品を書きましたが、その最終章で「神道には、哲学もなければ、道徳律も、抽象理論もない。ところが、あまりにも実体がないことで、西洋の宗教の侵入に抵抗することができた」と、彼自身が出雲大社参拝で体感した神道観を披露しました。そして、先のサトウやチェンバレンらの神道批判を反批判し、しりぞけたのです。

それからハーンは続けて、「神道の真髄は書物のなかにあるのでもなければ、儀式や戒律のなかにあるのでもない。むしろ国民の心のなかに生きているのであり、未来永劫滅びることも古びることもない、最高の信仰心の表れなのである」（「杵築―日本最古の神社」）とみずからの神道観の結論を下しました。ハーンは出雲大社での「心眼を見開く」神道体験を通して、徐々に日本の庶民のなかに息づく篤《あつ》い信仰心に眼を開かれていったのです。

一方、タウトも伊勢神宮を日本の風土から生まれた「稲田のなかの農家の結晶」とみなしていました。これこそが、日本人の魂が住まう神殿、すなわち真の「聖櫃《せいひつ》」と認めました。「神宮」という聖域では、神と自然と人間とが一体となり、新たな命が日々育まれている、とタウトは考えたのです。そういう意味で、伊勢神宮や出雲大社のみならず、日本の神社は、今もなお祖先の魂が憩う「聖櫃」であり、日本人の生活のいとなみの原点でもあるのです。

タウトはこの「伊勢神宮」という短いエッセイの結びで読者にお伊勢参りをすすめながら、次のように絶賛しています。

日本の文化が世界のあらゆる民族に寄与したところのものに対して、多少なりとも心を動かされる人は、親しく伊勢に詣でねばならない。そこにはこの文化のあらゆる特質が一つに結晶しており、それゆえに単なる国民的聖地以上の何ものかが見出されるのである。
外宮を持った伊勢は——一言にして言えば——そもそも建築術の神殿であるのだ。

今、私はタウトの伊勢神宮観とハーンの出雲大社観を紹介しました。私が二社を取り上げた意図は、単にそれぞれの神社が対立関係にある天津神系の最高神、天照大御神と国津神系の大国主命を祀っているという理由からだけではありません。この二大神社は、日本の基層文化を理解する上で、きわめて重要な意味をもっているからです。日本人の深層にひそむ私たちの精神世界を知る上でも、二つの神社の存立の背景を知っておくことは、意味深いことのように思われます。

三橋健氏は、この二神を祀る二大神社について重要な指摘を行なっていますので、引用させていただき、私の二社をめぐる話を結びたいと思います。

三重県の伊勢神宮《いせじんぐう》と島根県の出雲大社《いずもたいしゃ》は、きわめて重要な神社である。これは、わが国の神道・

神社界のみならず、日本文化・日本人の心意にとっても同様だ。

伊勢神宮と出雲大社のはじまりは、古代までさかのぼる。「記紀《きき》神話」をひもとくと、天皇と同床共殿《どうしょうきょうでん》でまつられていた天照大御神《あまてらすおおみかみ》が、新たな鎮座を求めて旅に出た際、伊勢市（伊勢国）を気に入り、とどまりたいと託宣《たくせん》したという。他方、出雲大社は、主祭神である大国主大神《おおくにぬしおおかみ》が、葦原中つ国の国づくりを完成させたのち、高天原《たかまがはら》から降臨《こうりん》した皇孫に顕世《うつしよ》（目に見える世界）の政治を譲り、自身は幽世《かくりよ》（目に見えない世界）に退いて神事《かくれたること》を司ったという話が描かれる。そしてこの「国譲り」に際し、現在の出雲市（出雲国）に大きなお社《やしろ》が建てられたと伝わる。

こうして葦原中つ国、すなわちヤマト王権（大和＝倭）から見ると、伊勢神宮は日出ずる東の地に、出雲大社は日没する西の地に鎮座することとなった。すると、これを機に伊勢と出雲は、二元的な対立世界としてとらえられるようになる。つまり、左と右、陰と陽、顕事と幽事、光明と闇黒というように、対立する世界としてのイメージが、刻まれるようになったのである。

（『図解　伊勢神宮と出雲大社』）

伊勢神宮と出雲大社の存在は、それぞれが私たち日本人の「目に見える世界」（政治世界、現実世界）と「目に見えない世界」（信仰世界、精神世界）の表象とも考えられます。このたびの二社の遷宮によって、この拮抗する二元的世界観（顕世《うつしよ》と幽世《かくりよ》）は、いっそう明らかにされ、止揚・融合されるべきものとして浮かび上がってくるのではないでしょうか。この二社を祀る伊勢と出雲という神話的なトポスは、私たち日本人の魂の来歴や日本文化の基層を辿る上で、きわめて重要な両極的価値観の対立軸を私たちに示していると思われます。

今後、私たちが日本人の魂の生成の根源を辿ろうとする時、私はこの二社の存在、および伊勢と出雲という神話的トポスを無視することはできないのではないかと考えています。二〇一三年における伊勢神宮と出雲大社の遷宮に当たって、改めてタウトとハーンのそれぞれの神道体験を振りかえっていただければ幸いです。

参考文献

『日本事物誌』1、2　B・H・チェンバレン　高梨健吉訳（平凡社東洋文庫）
『検定　お伊勢さん』（伊勢商工会議所　伊勢文化舎）
『小泉八雲　回想と研究』平川祐弘編「小泉八雲―神道発見の旅」遠田勝（講談社学術文庫）
『図説　神道』三橋健（河出書房新社）
『図解　伊勢神宮と出雲大社』三橋健（PHP研究所）
『伊勢神宮と出雲大社のすべて』三橋健監修（学研ムック）
『日本美の再発見』ブルーノ・タウト　篠田英雄訳（岩波新書）
『ニッポン』ブルーノ・タウト　森儁郎訳（講談社学術文庫）
『イザベラ・バードの日本奥地紀行』（下）イザベラ・バード　時岡敬子訳（講談社学術文庫）
『ラフカディオ・ハーンの日本』池田雅之（角川選書）
『新編　日本の面影』ラフカディオ・ハーン　池田雅之訳（角川ソフィア文庫）
『古事記と小泉八雲』池田雅之・高橋一清編著（かまくら春秋社）

死と再生の原郷　熊野

町田宗鳳

スサノオの追放と復活の物語

現代は追放の時代にほかならない、と私は考えています。個人生活においても三つの追放ということがあるのではないかと思うのですが、最初は「家」からの追放です。かつてのように家族の絆が強いわけではなく、最小の共同体である家庭内の人間的な絆が、薄まってしまっている。そういう意味で、家からの追放を現代人は体験しています。

あるいは、勤務先の会社、企業組織が非常に緊密なものであれば、それは第二の家となりえますが、やはりグローバル化の煽りで、会社ですら家という感覚で捉えられなくなってしまった。日本人は個人主義というよりも組織に属することによって自分のアイデンティティを形成していますから、今や家庭や会社という「家」から追放されてしまって、一種のアイデンティティ・クライシスを味わっている人が多いのではないかと思います。

二つ目の追放は、「型」からの追放です。日本にはもともと文化の型というものがしっかりとあったので、その型に沿って生活していれば、ある程度の仕事ができました。最も典型的なのは日本の茶道ですけれども、茶道にはたくさんの型があります。その型に沿って作法をすることでお茶というものが成立していますが、そのような型はなにも茶道や華道だけに限ったものではありません。日本の政治、経済、宗教、芸術、教育、あらゆる分野で何十年、あるいは何百年と守られてきた型があります。しかし、それらの型は戦後、急速に崩れてしまった。いわゆるマニュアルがなくなってきたわけです。ですから、古い価値観に囚われている人ほど、「型」からの追放にうろたえることになります。

三つ目の追放は、「自然」からの追放です。大多数の人間が大都会に住んでいて自然と触れる機会がなくなってしまいました。日本は大変豊かな自然を持っていますが、日常的に自然の息吹に触れるという、体験を持つ人は極めて少なくなっています。

ですから、現代人は「家」、「形」、「自然」という三つ巴の追放感を味わっているのではないでしょうか。それを一言でまとめると、「自己」からの追放だと私は考えています。三つ巴に追放された「自己」がどこでどのように復活していくのか、そして、どのように新たなセルフ・アイデンティティを見つけていくのか、それは誰にとっても、大変重要なテーマだと思います。そのとき、熊野という場所が、このテーマを考える上で貴重なヒントになります。

熊野川の雲海（撮影／楠本弘児）

熊野には不思議なことに追放と復活をモチーフにした物語がいくつもあります。その最初の物語が『古事記』や『日本書紀』に出てくるスサノオ神話です。スサノオには雷神、あるいは荒れ狂う男神という意味がありますが、大変問題の多い神様です。

スサノオはイザナギの子で、父はスサノオの姉のアマテラスに高天原、兄のツクヨミに夜の食国（おすくに）、そしてスサノオに海原を統治するように命じました。スサノオは父の命令を聞かずに、自分は死者の国に行きたいと言います。それはなぜかと言うと、母イザナミが火の神カグツチを生んで、死者の国である黄泉の国に行ってしまったので、自分もそこに行きたいと言って駄々をこねたわけです。

そして、父イザナギの命を受け入れないということで、結局、神々の合議で高天原から追放されることになります。その追放の前に姉のアマテラスに一目会いたいと高天原に行くわけですが、そこで大変な乱暴を働いてしまって、有名なアマテラスの天岩戸隠れが起きるわけです。それほど乱暴を働いてしまったために、彼は神の座を奪われて根の国に追放されます。雨の中、蓑を着てトボトボと歩いて、根の国に落ちていきます。

私は熊野を訪れたときに、直観的に根の国とは熊野本宮の旧社寺「大斎原」ではないかと考えました。大斎原というのは音無川と岩田川が合流する中洲の非常に美しい森ですが、洪水で流される以前は、そこに熊野本宮の本殿がありました。そして熊野本宮の主祭神はケツミコノカミと呼ばれていますが、実はケツミコというのはスサノオの別名です。

スサノオはまことに神として惨めな追放を味わうわけですが、不思議なことに同じ『記紀』の神話の中にスサノオが見事に復活してくる話があります。それは出雲の国に突然現れてヤマタノオロチ退治をしてしまう神話です。ヤマタノオロチというのは頭が八つ、尾が八つある大きな蛇のことです。土地の豪族のアシナヅチとテナヅチの老夫婦に八人の娘がいましたが、毎年一人ずつそのヤマタノオロチに食われてしまって、最後の八人目の末娘のクシナダヒメが襲われるというときに、スサノオは出雲の国に現れてオロチ退治をします。そして、めでたくクシナダヒメと結ばれて、後にオオクニヌシを誕生させることにもなるわけですが、大英雄として復活します。

蟻の熊野詣と「常世」思想

日本は鎌倉時代に入ると法然、あるいは親鸞が説いたように念仏信仰が急速に広がります。禅も鎌倉時代、あるいは日蓮宗も鎌倉時代に発生しましたが、なんといっても念仏信仰が圧倒的な勢いで日本の津々浦々に広がりました。その念仏信仰の中核にあるのが易行往生《いぎょうおうじょう》思想です。

それがどういうものかと言いますと、僧侶と在家の人間、僧俗、あるいは破戒と持戒、戒律を破った人間と戒律を守っている人間、あるいは社会的に地位の高い者と低い者、そういう差別を一切無視して「南無阿弥陀仏」という六字の名号を唱えさえすれば、例外なく誰もが極楽往生できるという考え方です。これが鎌倉時代の浄土教として一気に広まりますが、この易行往生思想の背景に古代から綿々と継承されてきた常世信仰があるのではないか、と私は考えています。

易行往生思想は中国の浄土教ですでに存在していましたが、中国や朝鮮半島ではあまり広がらなかった考え方です。ところが、日本の十三世紀において、誰も捨てられることなく、西方浄土に生まれ変わることができるという「摂取不捨」という信仰が広まったのです。この考え方には、もともと日本の宗教土壌にあった常世思想が背景にあると考えられます。

ですから、通常、法然あるいは親鸞の思想はインドから発生した浄土教にルーツを持つと考えられておりますけれども、あのような易行往生思想の表現が大規模に受け入れられ、全国に広がったというのは、やはり日本の古来からの他界観、具体的には常世信仰と同じ系譜にあるものではないか、と私は考えております。

また、同じ浄土思想の中には「二種回向」という考えあります。娑婆から浄土にわたる、往生することを「往相回向」と申します。そして、浄土から娑婆に戻って人のために尽くすということを「還相回向」と申します。生から死へ、死から生への往復を「二種回向」というわけですが、これももともと浄土経典にある考えです。常世思想、亡くなったものは山の彼方あるいは海の彼方に行って帰ってくるという他界観を持っていた日本人だからこそ、このような「二種回向」に代表される浄土思想を喜んで受け入れたのではないかと思います。

また、面白いことに生と死、矛盾する二つの世界が重なったものが、日本の山岳信仰にもあります。というのは、日本の山の神というのは通常、女神ですが、日本の山岳伝説を見ると、たくさんの山姥の物語が出てきます。これは、大変恐ろしい形相をした女性、ときには美しい女性、あるいは雪女という形で現れてきますが、本来は人間を殺して食べてしまうくらい恐ろしい怪物です。それが山姥ですが、これは山の神の別な側面を表現したものではないか、と私は考えています。

伊勢路大吹峠（撮影／楠本弘児）

心理学的にも、人間の母性には生命をはぐくむエロスの側面と死を好むタナトスの側面があるといわれていますが、女性の神々にも、大地母神としてのグレートマザー、ものをはぐくみ育てる働きと、テリブルマザー、ひどい母、ものを破壊しつくす働きの両面性があります。それが日本の山岳信仰では、山の神と山姥と大変に違った表現で物語の中に取り組まれてきたのです。

熊野は陰陽道の観点から言うと、平安京が子《ね》の方向にあって胎の位置づけをされていたのに対して、紀伊半島は午《うま》の方向にあって、女陰、女性の子宮の意味があると解釈されていたようです。そして、天皇あるいは上皇たちが何度も何度も繰り返し熊野に向かった。北にある都から南にある熊野に向かったということは、母の国熊野あるいは死の世界としての「隠国《こもりく》」に入ることによって、魂の生まれ清まりを体験できるという期待、信仰があったように思われます。

母なる国、熊野に参ることによって、寿命を延ばす、あるいは自分の政治生命を延ばしたい。そういう願いがあったからこそ、二十遍も三十遍も熊野に向かったのではないでしょうか。また、そのように皇族だけではなく、江戸中期まで「蟻の熊野詣」と言われるように庶民も、何万人という人が熊野に向かいました。そういう事実の背景には母の国、熊野に参詣することによって、「生まれ清まり」を体験することができるという信仰があったように思います。ですから、巡礼者たちは死装束をまとって、熊野に向かったわけです。熊野に入るということは、黄泉の国に入って一度死んで、そこから復活してくるという意味があるのです。

さらに仏教的な解釈をしますと、仏教の特に密教には「金剛界曼荼羅」と「胎蔵界曼荼羅」という二つの曼荼羅があります。この曼荼羅には大変深い哲学があります。簡単に説明しますと、多数の円や正方形が配置されている金剛界曼荼羅は、仏の知恵を表しています。対照的に胎蔵界曼荼羅の方には、おびただしい数の仏、菩薩、諸天、全人が描かれています。この胎蔵界曼荼羅は仏の慈悲を象徴しています。そして、そこからさまざまな仏の知恵が生まれてきます。

その胎蔵界曼荼羅の中央の中台八葉院という蓮の台に大日如来が座っている姿を、中台八葉院と言います。私は古代から中世にかけての、特に仏教が定着してからの日本人は、熊野のことを胎蔵界のイメージで捉えていたのではないかと考えています。

そこに入っていくことによって、仏の慈悲に触れ、寿命を延ばすことができると信じられていたわけです。そして、特に胎蔵界曼荼羅の根の国、母の国としての熊野、そしてその中央にある大斎原と重ね合わせていたように想像します。そこに参ることによって、魂の「生まれ清まり」を体験できる。そういう信仰が何百年も続くことによって、蟻の熊野詣という宗教現象が生まれたと想像しています。

「エロス」の国としての熊野

ここで、エロスという言葉についてもう少し詳しく考えてみましょう。これはもともとギリシャ神話に登場する愛の神で、男神ですが、それをエロスと呼んでいたところから由来しています。プラトンは『饗宴』の中でエロス論を展開しています。エロスは痴情的な美から神的な、神聖な美へと変貌を遂げながら、人間性を向上させていく働きを持つ神であると定義づけています。

そして、近代の心理学者ユングもその神話を踏まえて、人間の深層心理にあるエロスを説明しています。ユングの先生であるフロイトは、人間の最も根源的な本能をリビドー、性的な衝動と定義づけましたが、ユングはリビドーをエロスの最も原初的な、生物学的な段階と見ていました。一方ユングはその段階からロマンティックな段階、あるいは霊的な段階、叡知的な段階へと、エロスは心理学的に変容を遂げていくと考えました。

最も動物的な性欲の段階から最も宗教的に崇高な体験、これをユングはルミノーゼ体験と呼びました。ユングは心理学的に、その軸になっているのが人間の深層心理、無意識にあるエロスではないかと理論づけました。ユングは東洋の宗教に非常に深い関心を持っていて、曼荼羅のことも詳しく研究をしましたが、こういう近代心理学のエロスの理論を参考にして考えた場合、熊野詣の究極的な目的も、人間のエロスの昇華、エロスを向上させることにあるのではないかと考えます。

多くの山林修行者、聖たちが、熊野三千六百峰の中で何世紀にもわたって非常に激しい修行をしたのは、自分の肉体を使って、自然のエロスの中に入っていくためです。滝に打たれたり、断崖をよじのぼったり、洞窟にこもって瞑想をするというのは、自然のエロスと人間のエロスが交わることによって、新たな知恵を獲得していく、悟りの眼を開いていく、そういう願いがあってこその修行だったのです。

しかし、現代においてこの自然のエロスあるいは山のエロスの役割は、大変小さなものになっているように思います。先ほど、自然からの追放という話をしましたが、都会生活になじんだ現代人は、山のエロス、自然のエロスを感じることができなくなっています。常に知的で理性的で合理的なものを求めて、このエロスという訳の分からない、一見不気味な自分の無意識裡に潜むエネルギーを感じることができなくなっているのではないかと思います。

私は都市のエロスという言葉も使うことがありますが、都市にはあらゆるエンターテインメントがあります。お金さえ出せばどんなことも体験できる。そういう大衆文化の盲目的な享楽性のことを、私は都市のエロスと呼んでいます。特に若者は都市のエロスの世界にはまり込んで、自然の山のエロスに触れる機会が非常に少なくなっている気がします。都市のエロスと山のエロス、この二つの異なったエロスを自分の中に取り込んでいくことで新しい感覚、知恵というものが生まれると考えています。

このエロスの力は大変感覚的なものであり、本やインターネットから獲得できる情報ではありません。根源的な生命力をエロスの力と定義づけた場合、現代人はエロスの力が非常に弱くなっているのではないかと思います。古代日本の政治的中枢であった奈良や京都は、いわば人間の表層意識にあたるわけですが、そのずっと南、山また山に囲まれ、多雨多湿、獣の出没する熊野は、人間の深層意識に相当します。

ですから、現実に熊野に行くことができなくても、私たちは少なくとも心の中での熊野詣を求められているのではないでしょうか。特に近代社会においては、表層意識や頭脳部分の機能性を過大評価しています。いわゆる上昇志向です。より高い地位、あるいはより高い収入を得ることに価値を見て、より高く、より強く、より速くなることに人間の価値を置いてきたように思うのです。しかし、ここで立ち止まって、私の心の奥底にある熊野を訪ねる、そういうことが非常に重要になってきたように思います。

近代文明の中の先進国、経済大国として突っ走ってきた日本が、今、立ち止まらざるを得ない状況に陥っています。放射能汚染、あるいは経済への大打撃、そういう日本がこれからどのように復活していくのか。それには、今までと同じような思考パターンでは無理なように思います。国民一人ひとりが自分の心をよく見つめて、根源的な生命力としてのエロスの力を自分の社会生活の中に引き出してきたときに、日本人の底力が発揮されるのではないかと思います。

この熊野、死と再生の原郷としての熊野には、追放と復活としてのモチーフがあらゆる側面で強く出ていると思います。その折り返し点はどこにあるかと言いますと、黄泉の国、根の国にあります。ちょうど今の日本も、福島原発の放射能流出事故に象徴されるように、死の世界に入っているようなものです。日本が新しい生命の息吹を吹き返すかどうか、それは国民一人ひとりの心意気にかかっているように思います。

「エロス」と「ロゴス」の統合をめざして

私はあらゆる国の文化には祖型があると思います。祖型というのは最も基本的な形という意味です。日本の文化の祖型を表象するものに、スサノオ、神武東征伝、小栗判官があります。つまり、「追放」と「復活」が日本文化の祖型の一つではないか、と私は考えています。

神武という天皇は九州から瀬戸内海を通って、近畿に朝廷を成立させようとして移動してきたわけですが、浪速、大阪に上陸しようとしたときに先住民の頭領であるナガスヒネノミコトに戦いを挑んで敗れています。それでやむなく紀伊半島の南端に逃れ、今の速玉大社、新宮のあたりに上陸して、そこで二度目の戦いをして、次第に熊野を通って大和平野に出て、そこで神武天皇は初代天皇として橿原宮、大和朝廷を成立させたと伝えられています。

この神武東征神話は単なる神話ではなく、ある程度の史実を伴った古代王朝誕生のストーリーではないかと思いますが、その神武東征神話にも追放と復活のテーマ、熊野において復活したというモチーフがあります。二千年以上前の古代神話にもそういうモチーフが強く表現されているのは、日本文化の祖型に追放と復活のパターンがあるからだ、と私は考えています。

近代において、日本は太平洋戦争に敗れて原爆を体験しています。あるいは東京大空襲をはじめとして、日本の主要な都市が灰塵に帰しています。それ以前は関東大震災という大きな自然災害が日本を見舞って、とてつもない被害をもたらしましたが、その都度、日本は復活を遂げてきました。

私は現在、広島に暮らしています。原爆を投下されてすべてを破壊されてしまった都市が、今、見事に復活しています。原爆の爪痕は平和公園にでも行かないと見ることができません。長崎もしかりです。東京大空襲を受けたこの東京も見事に復活しています。ですから、今回の震災で日本がどれだけの痛手を受けても、あるいはどれだけ深刻な放射能の流出があっても、私はそこから復活してくる日本の姿を信じます。それは、「復活」が日本文化の祖型の一つだからです。

さて、エロスの反対にはロゴスがあります。ロゴスは論理の力です。明治維新以降の日本は、文明開化をスローガンとして欧米の文物を取り込むことに躍起になってきました。知識、理性、合理性というものを非常に大切にして、そしてそれらを追求してきたわけです。それがまさにロゴスの力です。

しかし二十一世紀に入って、日本人は立ち止まって、古代の先祖たちが大切にしてきたエロスの力を取り戻す必要があるのではないでしょうか。エロスとロゴスのバランス、あるいは統合、さらには融合というものが自己のうちに起きてきたときに、新しいタイプの日本人が生まれるのだと私は考えます。

日本仏教の展開―統合型思考から選択型思考へ

日本仏教と言えば、禅宗、日蓮宗、あるいは浄土宗、浄土真宗が思い浮かびますが、これらは鎌倉時代、十三世紀に誕生した新しい仏教の形です。その特徴は選択型思考にあります。禅なら座禅だけをすることによって悟りを開くことができる。日蓮宗なら、「南無妙法蓮華経」という題目を唱えることによって成仏することができる。あるいは、浄土系の教えなら「南無阿弥陀仏」という六字の名号を唱えることで、西方浄土に往生できます。多くの選択肢の中から一つだけを選び出すことによって人々が救われる。道を見出す、あるいはそれを提供するという意味で、鎌倉仏教は大変大きな貢献をしました。

それまでの貴族的で排他的な仏教ではなく、誰にでも門戸が開かれた仏教を開発したという意味で、鎌倉の思想家たち、法然、親鸞、道元、日蓮には大きな役割がありました。私は現代人の思考回路や思考構造に、この鎌倉仏教に始まった選択型思考が決定的に影響を及ぼしているのではないかと考えています。いわゆるイデオロギー優先の考え方です。座禅なり、題目なり、念仏なり、その教義を優先してたくさんの教義の中から一つだけ選択していくことで救われていくという思考のあり方が、現代人の発想の中に影響しているように思います。

反対に、空海や最澄は平安仏教の旗頭ですが、彼らが真剣に取り組んだ密教は統合型の仏教で、一つの修行方法や一つの教義だけを重視するのではなく、万遍にあらゆる仏典を学び、あらゆる修行方法を試み、その中で自分が仏に近づいていこうとするものです。日本のルネッサンスとも言うことができる鎌倉時代を節目として、日本人は統合型の思考から選択型の思考に変わったように思います。

しかし、鎌倉から八百年という時間が経って、二十一世紀の日本人は、東日本大震災に象徴される、国家の曲がり角にきてしまっている。ここで新たな文化の祖型を作る必要に迫られているように思います。それにはロゴスの力ではなく、この熊野信仰に代表されるように自然の中に自分が入っていくことで、自分の根源的な感情としてのエロスの力を平成日本人が取り戻したとき、今まで知らなかった実力が発揮できるのではないか、と私は考えます。

紀伊半島の南東にある熊野を地理的に捉えてはいけません。自分の心の中にある熊野詣をしたとき、「生まれ清まり」を体験して、新しい日本人が自分の中に生まれてくる。今まで知らなかった才能が発揮される、そういう人間が一人でも増えることによって、日本は活力を取り戻すように思います。それは政治だけでなく、ビジネス、教育、科学技術、あるいは芸術、あらゆる分野において、エロスとロゴスの統合が成立した人間が活躍する場所となると思います。従来型の個性の弱い集団依存型の日本人では、これからの日本を復興するのは困難だと思います。

近代文明の終焉のシグナル

たくましい生命力と「ソーゾー力」。「ソーゾー力」といった場合は、イマジネーションとクリエイティビティ、「想像力」と「創造力」双方のことを言っているわけですが、バイタリティ、イマジネーション、クリエイティビティ、そういうものを強く持った人間が一人でも多くこの日本から出てくる必要が、今ほど求められている時代はありません。

今までは西洋、近代の価値観を追い求めてきました。そして、経済活動の中で欧米社会に追いつき、追い越せという気持ちで市場経済主義を貫いてきたわけですが、この辺で日本人は大きく価値観を変える必要があります。徳川幕府の封建制、あるいは明治維新以降の近代社会制度の中で男性原理を優位に置いて、日本の社会を作ってきました。

しかし、タタラヒメ、クシナダヒメ、テルテヒメたちが男性の復活を可能にした熊野の物語に象徴されるように、これからは母性というものを日本の社会にうまく融合させていく必要があります。そういう観点でこの熊野の歴史を学ぶ、熊野の信仰を学ぶ、あるいは熊野の文学的世界を学んでいった場合、熊野の土地から得られることはたくさんあります。

特に、アニミズム的な世界観です。人間だけではなく、動植物、あるいは無生物、無機物も同じ生命を持っているというような生命観や世界観が、これからの文明に必要となります。近代文明の恩恵を受けてきた私たちですが、ここで立ち止まって文明の方向転換をする必要があるのです。

今回の福島原発事故、その少し前にはアメリカのテキサス湾で大規模な原油流出事故があり、海洋汚染を引き起こしてしまいました。その前には二〇〇一年の9・11、いわゆる世界同時多発テロが起き、マンハッタンの世界貿易ビルが崩壊しました。これらは文明の終焉を知らせるシグナルと考えることができます。近代文明は素晴らしい恩恵を私たちにもたらしてくれましたが、その一方で、大規模な地球環境の破壊、あるいは絶望的な貧富の差を生んでしまいました。日本でも最近、格差社会という言葉が使われるようになりましたが、もっとグローバルに見てまいりますと、先進国と途上国の経済格差、貧富の差というのは絶望的なものがあります。世界では毎日四万人の人が餓死しているという事実がある一方で、我々先進国の人間は飽食の時代を謳歌しています。しかし、このまま近代文明が同じ方向に進むわけにはいきません。

熊野の現代的意味

ここで必要なのは文明のパラダイムシフトです。これは人間が求めるというよりも、歴史の必然性として近い将来起きます。その中で日本が果たす役割は非常に大きなものがあります。現代の中国はせっかくの過去の遺産を持ちながら、持ち味を生かすことができない状態にあります。その点、日本は過去の精神遺産を温存させながら、近代文明国としての地位も固めてきた国です。その日本がこれから起きるだろう文明のパラダイムシフトで果たすべき役割は大変大きなものがあります。

東日本大震災は新しい産業革命の引き金になるというのが、私の考えです。従来のように効率や生産性というものを絶対視する文明ではなく、地球環境とフレンドリーな文明を作っていく。そういう意味で、熊野信仰は大変深い意味があります。そこには自然と敵対しない人間の生活の形、あるいは、追放と復活の折り返し点としてのエロスの力が、表現されています。ですから、地域的な現象として熊野信仰を学ぶのではなく、大きな文明の中で日本が果たすべき役割を予感しながら、この熊野に生まれた宗教文化を鋭く深く学んでいく必要があるように思います。

　何度も申しますが、東日本大震災という国難に直面して、今ほど国民の生命力が求められているときはありません。しかし、この国には文化の祖型として追放と復活というパターンがあります。日本は必ず復活するという強い信念のもとで、国民一人ひとりが、老いも若きもその持ち場で自分の底力を発揮していく。もう他人まかせの生き方は許されないのです。

　そういう意味でも、ときには都会の喧騒を離れて大自然の中に帰って、そこで人間が本来持っているエロスの力、生命力を取り戻したとき、それはその人にとっても大変幸せなことであるし、また日本という国にとっても、大変幸せなことではないかと考えます。

参考文献

『アニミズムの時代』岩田慶治（法蔵館）
『日本の原郷・熊野』梅原猛（新潮社）
『常世論』谷川健一（平凡社）
『死の国・熊野』豊島修（講談社）
『エロスの国・熊野』町田宗鳳（法蔵館）
『山の霊力』町田宗鳳（講談社選書メチエ）

熊野詣とお伊勢参り

辻林　浩

熊野は今でも交通の便の悪い地です。平安時代からその不便な地に、想像を絶するような苦難の旅をつづけ、多くの人々が熊野を目指しました。江戸時代には、伊勢参りを終えた人々が、熊野に参詣し、京・大阪へ、あるいは西国巡礼へと旅をつづけました。今回は、古代・中世の熊野参詣と近世の伊勢参りを「旅」という視点から眺めてみたいと思います。

熊野詣の興隆

股旅《またたび》ものと呼ばれる映画などで、「草鞋《わらじ》を履く」とか「旅にでる」という言葉がよく使われますが、目的地があろうが無かろうが、昔は家を離れることを「旅」と呼んだようです。

住居を離れることが旅だとすれば、古代には官人の赴任旅、庶民には貢納物を中央へ運ぶ脚夫としての旅などがあります。しかし、自発的な旅というと、おそらく信仰にともなう社寺参詣ではないかと思います。

この社寺や霊場への参詣が庶民の間に広まるのは、室町時代ではないかと思います。一方、皇族や貴族による社寺への参詣は古くから盛んで、十世紀から十二世紀にかけて宇多・白河両法皇や藤原道長をはじめとして、金峯山や高野山への参詣が知られています。

熊野への参詣は、十世紀初めの宇多法皇、十世紀末の花山法皇の御幸が早い例といえます。

熊野へ御幸するにあたり、花山法皇が「行歩堪へがたく、紀路に向かはず、密々船に乗りて参らんがため、伊勢を経るべし」と告げた、と藤原行成の日記『権紀』にあるように、十世紀には紀路と伊勢路がすでに開かれていたようです。この紀路と記されているルートの一部が熊野古道中辺路と呼ばれるルートで、十一世紀から十二世紀にかけて白河・鳥羽・崇徳・後白河・後鳥羽の五人の上皇や女院・貴族たちが参詣のために歩いた道です。

しかし、承久の乱で後鳥羽上皇が隠岐に配流されて以降は、上皇や貴族による熊野への参詣は下火となり、わずかに後嵯峨・亀山両上皇が参詣したに過ぎません。その後、武家や庶民の参詣が増加し、十四、五世紀には、「蟻の熊野詣」と形容されるほどの盛行をみることとなります。

一方、律令国家での伊勢神宮には天皇あるいは天皇の許しを受けた者以外、私的な奉幣や参詣は禁止されていました。古代の伊勢神宮には、江戸時代のように、全国各地から多くの人々が参詣に訪れるということはなかったのではないかと推測されます。

しかし、国家神を祭る社として財源を朝廷に頼っていた伊勢神宮は、律令体制の解体期からその財源を神領に求めることとなり、そのような情勢の中から、平安時代末期頃から庶民や武士の参詣がみられるようになります。これは、熊野への上皇・貴族の参詣が下火となり武士の参詣が増加する時期と重なっています。やがて庶民へと広がり、江戸中期以降には、それこそ群れをなした人々が伊勢を目指すという、「抜参り《ぬけまい》」や「お蔭参り《かげまい》」と称されるような参詣現象を引き起こします。

江戸時代になると、参詣の旅もそれまでにみられた目的の社寺あるいは霊場に参拝した後、そのまま引き返すという形をとらなくなります。つまり、行きと帰りが同一のコースから、周遊コースとでもいえばいいのでしょうか、ルートが行きと帰りでは異なる形をとるようになります。伊勢にお参りした後、京・大坂・奈良の社寺参詣や芝居見物、あるいは西国巡礼の札所を廻り善光寺にお参りして帰る。あるいは人によっては、金毘羅山《こんぴらさん》や厳島《いつくしま》神社への参詣を加えるということもあったようです。

ルート的にみても、伊勢に参詣し、次いで熊野三山を巡拝して、京・大坂へ出る。あるいは西国札所を巡るにしても、この周遊コースというのは、東国の人々にとって実に都合のいいコースでした。このことも伊勢参りが盛行した要因ではなかったかと思います。さらに、幕府や各藩による街道や宿場の整備、貨幣経済のさらなる進展、ガイドブックともいえる名所記・道中記・地図帖などが数多く出版されたことなども、挙げられるのではないでしょうか。

上皇・貴族の熊野詣

上皇・貴族の熊野詣は、京都から淀川を下り、摂津の渡辺津で上陸、茅渟海（大阪湾）沿いに南下し、紀泉国境の雄山峠を越え、さらに海岸沿いに南下し、牟婁《むろ》の田辺に至る。田辺からは東に転じ、山中に分け入り、いくつもの峠を越えて本宮へ向かう。本宮からは熊野川を舟で新宮へ下り、新宮からは再び陸路で那智へ。那智での参詣が終われば、往路を引き返すというのが基本的な旅程でした。

往路と同じルートで帰るのは、現世から浄土へ向かい、再び現世に戻るという宗教的な意味によったものといわれています。白河上皇の第一回参詣以後、このルートが上皇や貴族の参詣に使われるようになり、いつしかそれが熊野詣の公式ルートになったようです。

ちなみに、上皇・貴族の熊野詣は、まず、陰陽師に精進する方位や精進を始める日、参詣の日程を占わせることから始まります。精進の期間は一週間前後だったようです。参詣者は白色の山伏衣装をまとい、頭巾を被り、杖を持った姿で旅立ちます。多くの場合、石清水八幡宮に立ち寄り、最初の王子である窪津王子に詣で、四天王寺や住吉大社に参拝したようです。

その後、各王子に詣でながら熊野に向かいます。道中では先達である修験者の指示に従い、毎朝出発前と毎夜に水を浴び、髪を洗って祓《はら》いを行い、途中の川では水垢離《みずごり》、浜では塩垢離《しおごり》、温泉では湯垢離《ゆごり》をするという決まりがあったようです。また、いくつかの王子では奉幣、経供養といった神仏混淆の儀礼を行い、神楽、里神楽、馴子舞、白拍子舞、和歌会、相撲など法楽も催されています。本来、法楽は権現と親しみ、慰め、一体となるのために行われるものですが、上皇・貴族にとっては都からの長い難行苦行する旅路の中で、束の間の慰めだったのではないでしょうか。

道中の装束についてはこのような話があります。『平家物語』に、平重盛《しげもり》が子の維盛《これもり》と熊野詣の帰り、岩田川を渡る際に維盛がふざけて浄衣が濡れ、下に着ていた衣の色が映って色が付いたように見えたので、供の者に咎められたというのです。色の付いた衣装は好ましくなかったということでしょう。またこのような話もあります。鳥羽上皇の中宮・待賢門院《たいけんもんいん》が鳥羽上皇と熊野御幸をするにあたり、下衣は紺の帷子に緋染めの衣、黄色の絹の短下袴という装束を見て大変喜んだというんですね。女性は色物の衣装で参詣することもあったようですが、男性の装束は白地のものが基本であったようです。

往路の道中は、上皇や女院は輿《こし》に乗るのが通例でしたが、上皇は馬に乗ったり、徒歩の時もあったようです。ただし往路では、熊野の神域の入り口とされた滝尻《たきじり》王子からは徒歩が原則とされていました。女院が徒歩になる時は見物人を追い払ったともいわれており、御供の人はさぞ気を遣ったことだと思います。

御幸には「連書」といい、社寺の腰板を外して削り、その板に御幸の年月日や回数を書き付け、つづけて先達以下随行者たちが官位・氏名・回数を書き、元の所に打ち付けるという習慣というか作法もありました。修験《しゅげん》では奥駈《おくがけ》の回数を重ねることが重要とされますが、この考えから生まれたものらしく、しだいに参詣の回数を競うようになったことを象徴しているといわれています。

帰路は、王子社に参拝もせず、一目散という感じで京を目指します。京に着くと伏見稲荷に参詣するのが通例だったようです。帰宅すれば沐浴し、髪を洗う。魚を食べて精進潔斎を解き、ようやく参詣の旅が終わったといいます。

上皇の熊野参詣は、現世と後世の安穏を祈願し、権力の安定と存続を願うために、権現の加護を得ることが目的だったのではないでしょうか。しかし、御幸初期の宇多・花山両法皇が藤原氏との軋轢から逃れるため熊野詣をしたように、一時的ではあるにしても、都を離れたいという願望もあったのではなかろうかと思います。

一方、貴族はというと、平安時代後期の藤原宗忠は、その日記『中右記』にみられるように、本宮証誠殿で官位昇進・家門繁栄・延命長寿を立願しています。鎌倉時代の公家四条頼資も、熊野へ参詣するたびに昇進を果たした喜びを、日記『頼資卿記』に残しています。このように、貴族の熊野詣も、やはり官位昇進や家門繁栄への祈願に関係があったとみるべきでしょう。

しかし、このような上皇や貴族の熊野詣には、当然でしょうが、批判的な見方をする人もありました。御幸《ごこう》ともなると何百人という行列をつくっての旅でした。それに必要な食料、途中での宿所の設置、王子や三山での供物や奉幣・布施、法楽に要する費用、道中での施行の費用などを含めると―当人は功を積むための功徳と思っているでしょうが―膨大な経費を必要とします。鳥羽天皇の摂政・関白であった藤原忠実は、白河上皇の御幸について、毎年の熊野御幸は不可思議と疑問を投げかけています。藤原定家もまた、「天下の貴賤、競いて南山を営む、国家の衰弊《すいへい》又この事にあり」と批判しています。

御幸に要する費用の最終的な負担は、荘園や沿道の人々が担ったのです。とはいうものの、施行することも熊野参詣の作法の一つとされ、藤原宗忠は、日高川で増水のため足止めされた女性に馬を貸し、菓子などを与え、岩神峠では目の不自由な参詣者に食料を与えています。吉田経房も、市ノ瀬と滝尻の間で下向の山伏に食料を与えていますし、上皇や貴族はこのように功を積みながら熊野を目指したようです。

庶民の参詣と病気の平癒

貴族たちの熊野詣の目的は、藤原宗忠が立願した官位の昇進、家門の繁栄、延命長寿にあり、武士たちの参詣目的も同様に現世利益のためでした。そんな中で、神仏に来世への往生を願い、熊野に詣でた武士に平重盛と平維盛がいます。重盛は清盛《きよもり》の長子ですが、『平家物語』には、仏教に深く帰依した人物として描かれています。本宮証誠殿で阿弥陀如来に魂の救済を願い、その願いが叶えられたとして、体が悪くなっても治療しないまま亡くなったと記されています。

また、重盛の長子・維盛も同じく『平家物語』に、本宮で阿弥陀如来の来迎引接を願い、那智の浜から入水したと記されています。この重盛・維盛父子は、真に熊野の神仏に心の救済を願った武将といっていいのではないでしょうか。

熊野への参詣は、常に上皇や貴族の参詣が取り上げられますが、増水で日高川を渡れなかった下向の女房や、岩神王子で食の尽きた盲人の話などが知られているように、庶民の参詣も多かったものと思われます。ただ庶民の参詣は記録がないので、あまり知られていません。

熊野古道朝霧の光芒（撮影／橋本弘児）

また、本宮で三年も斎灯《さいとう》護摩《ごま》を焚いて開眼を祈願した盲人がおりましたが、その験《げん》が現れないことを恨み、権現を非難しました。権現の夢告で自分の誤りを悟り、のちに開眼したということです。病者が真の現世利益を願い、熊野を目指して参詣旅をつづけたことは、十分に想像できます。

この盲人の光明譚に似た話として、中世末から近世初頭に流行した説経節『小栗判官《おぐりはんがん》』という蘇生譚があります。この小栗伝説に由来した「小栗街道」が、大阪泉州以南から中辺路や大辺路沿いに残されています。この小栗街道は、最近では病を得た人々が歩んだ道だと説明されていますが、沿道に住むお年寄りの中には、昔、病に冒された人々が歩いていた姿を知っているという方がいらっしゃいます。小栗街道が、熊野古道中辺路に較べて直線的なルートになっているのは、険しくても早く目的地に着きたいという願いからなのでしょうか。

彼らが目指したのは本宮証誠殿と湯峯温泉ですが、江戸時代からハンセン病を患った人たちが、おそらくこの小栗街道を歩いたのではないかと思われます。昭和の初めまで、多い時には六〇〇人ぐらいのハンセン病の人たちが、湯峯温泉で湯治していたということです。しかし、「らい予防法」の成立によって、彼らは湯峯から出て行かざるを得なかったという歴史もあります。

湯峯温泉は、平安・鎌倉時代には三山巡拝後の疲れを癒す湯でしたが、鎌倉末期、新たに三越峠から湯峯に至る赤木越えルートが開かれたことにより、参拝前の湯垢離の場となった温泉です。藤原宗忠の日記『中右記』には、谷底から温泉と冷水が湧き出るのは希有のことで、神の霊験によるものでなければこのようなことはないであろう、この湯を使うと万病が治ると記されています。今も、岩を刳《く》り抜いたような湯船に小屋掛けをした「つぼ湯」は、底から温水と冷水が湧き出ています。『中右記』に述べられた姿を彷彿とさせることもあって、参詣道に付属した垢離場として世界遺産に登録されています。おそらく世界遺産としては、全身浴ができるただ一つの温泉ではないでしょうか。湯船は小さく、二人が限度でしょう。一日のうち七回は湯の色が変わるといわれていますが、私にはいつも同じ色のように見えます。

変容する参詣の形

後鳥羽上皇が鎌倉幕府打倒のため挙兵した承久の乱の後、院や貴族による熊野への参詣が下火となり、その結果、王子社が荒廃し、院の宿泊所であった御所が狐狼《ころう》の栖《すみか》となったり、山賊が横行したことなどが『頼資卿記』にみることができ、院政期の熊野参詣の繁栄には、院や貴族の果たした役割がいかに大きかったかが分かります。

室町時代に熊野参詣が再び盛んになったのは、武士・庶民を中心とした檀那《だんな》とよばれる信徒集団によるもので、先達に導かれて各地から熊野を訪れ、御師の仲立ちによって参詣を果たすというものでした。御師については伊勢神宮がよく知られていますが、熊野のほうがより早く出現したようです。また、熊野比丘尼《びくに》も大きな存在でした。熊野比丘尼は本宮・新宮の各一カ寺、那智の七ヵ寺に所属し、歌念仏や熊野牛王（護符）の配布、「熊野参詣曼荼羅」や「熊野観心十界図」の絵解きを行いました。彼女たちは、熊野信仰を諸国に広めるとともに、三山の堂舎の修理などの勧進活動を行った僧形の女性で、春をひさいだ者もいたと伝えられています。絵解きの姿はいろいろな絵画に描かれてますが、絵解きのために使っている画は「熊野観心十界図」で、聴衆はそのほとんどが女性です。

「熊野参詣曼荼羅」は、那智・浜の宮王子から死者の霊が集まるといわれた妙法山までを、多くの参詣者や堂塔・自然などを織り込んで作られた聖地案内絵図です。一方、「熊野観心十界図」は、人が生まれてから死ぬまでの道のりを表した「老いの坂」、六道、四聖界、盂蘭盆会の施餓鬼棚、阿弥陀の来迎など地獄と極楽を分かりやすく描いたもので、親や先祖の追善供養の大切さを説いたものです。当時、女性は穢《けが》れが多いといわれていましたから、女性はこうした画を見て涙を流し、その滅罪のために熊野へ導かれるという筋書きで絵解きが行われたのではないかと思われます。

もう一つ、熊野で忘れてはならない信仰、補陀落渡海《ふだらくとかい》信仰に触れておきたいと思います。那智の浜から小舟に乗り、遙か彼方の洋上にあると信じられた観音の住む浄土への往生を目指し、船出するというのが、補陀落渡海信仰です。「那智参詣曼陀羅」の下部には、その様子が描かれています。補陀洛山寺前の鳥居の所で数人の僧による読経に送られ、今まさに船出しようとしているシーンです。密閉された小舟に、わずかな食料と水を積み、船出するという一種の捨身往生で、『熊野年代記』には、平安前期から江戸中期までの間に、那智の浜から二十数名の僧が渡海したことが記されています。渡海舟の規模、構造は不明ですが、補陀洛山寺には復元された渡海舟が展示されています。よくもこのような小さな舟でと思うような舟です。なお、補陀洛山寺の裏山には、これら渡海上人の墓が残されています。

お伊勢参りの形とその意味

このような熊野参詣と全く異なった参詣の姿としては、「抜参り」「お蔭参り」と呼ばれるお伊勢さんへの参詣があります。お伊勢さんは、古くは伊勢大神宮とか二所大神宮などと呼ばれましたが、現在は正式名称を「神宮」といいます。七世紀末に式年遷宮が始められたといわれ、律令国家では最高の国家祭祀を行う神社でした。天皇以外の私的な奉幣が禁じられた伊勢神宮は、平安末期頃の社寺参詣の風潮にならい、神領や神宝の寄進が盛んに行われ、民衆の参詣も行われるようになりました。武士の台頭にともない、伊勢への参拝は貴族から武士へ、さらに庶民へと広がっていきますが、それにはいろいろな理由があります。御師の組織化、各地に伊勢神宮の分社である神明宮が建てられたり、伊勢講が組織されることによって、伊勢信仰の民衆化が進んだことが大きな要因だとされています。

お伊勢参りについて、一六世紀のポルトガル人宣教師ルイス・フロイスは、伊勢の神のもとへ日本各地から巡礼が集まり、伊勢へ参らない者は人間でないと思われる、というようなことを本国宛の書簡の中で述べています。平安末期の歌人西行も「何事のおわしますかは知らねどもかたじけなさに涙こぼるる」と詠んでいます。オランダ商館のドイツ人医師ケンペルも、春になると参宮の人びとで東海道が埋め尽くされる、と記録しています。また江戸時代前期の俳人荷兮《かけい》も、農閑期の春先、全国から多くの人々が集団で伊勢に向かった様子を「春めくやひとさまざまの伊勢参り」と詠んでいます。

それではどのようなコースを辿って、人々は伊勢に向かったのでしょうか。

東北地方や江戸、すなわち東国からですと、東海道を下り、熱田から船で桑名へ渡り、桑名から東海道を日永へ、日永からは参宮街道で伊勢宮川に至るルート。京・上方からは、東海道で鈴鹿峠を越え、関から「山田道」「参宮道」と呼ばれた道を辿り、津城下で参宮街道に合流するいわゆる伊勢別街道を利用する。あるいは、古くから開かれ、任務を終えた斎王《さいおう》が京に戻るルートであり、坂道が少なく歩きやすい初瀬街道、もしくは榛原で初瀬街道と分かれ、険しい山中の峠道を進む、大阪や奈良からの最短ルートの伊勢本街道などが利用されました。

伊勢に着くと、まず宮川の渡しを渡らねばなりませんが、「お伊勢さんほど御大社はないが、なぜに宮川、橋がない」といわれたように、宮川には橋がなかったのです。神宮の神域に入るのに宮川で水垢離をするように、ということでしょう。江戸時代には船で渡れるようになりますが、船で渡る人は禊をしないということになる。そこで代金を払うと代わりに水垢離をやってくれる、「代垢離《だいごり》」という代行業が現れる。神聖な場所に赴くのに禊もしないとは、参詣本来の意味が薄れ、物見遊山に変わってきた現れでしょうか。代垢離という、他ではあまり聞かない代行業も、ここ宮川の名物だったようです。

江戸時代の神宮参詣は、基本的には「御師」―伊勢神宮に限っては「おんし」と呼ぶ―が全国各地から参詣者を連れて来ます。御師は、各地に組織された伊勢講や神明講と呼ばれた講を拠点に、伊勢信仰の普及に大きな役割を果たしました。参詣者への宿の提供、祈祷、奉幣、神楽奉納などを行い、神様と参詣者の間を取り持つのが、御師の仕事でした。

伊勢参りには、村や信仰集団である講の構成者がクジ引きや輪番で村や講を代表して参詣（代参）するものが多くみられました。大麻―伊勢神宮が年末に授与する神札のことで、個人の家に神棚が設けられる契機となったともいわれ、伊勢暦や伊勢白粉を土産に付けて御師が頒布したそうです―を配布に来る御師の家に宿泊するのですが、彼らは宮川に着くとまず御師の家で神楽をあげます。神楽には奉納金によって規模に差があり、「小神楽」、「太神楽《だいかぐら》」、さらに規模の大きなものを「太々神楽《だいだいかぐら》」と呼んだそうで、弥次さん・喜多さんの『東海道中膝栗毛』

にもでてきます。

私の住む大阪堺の百舌鳥という所にも神楽は来ていました。小学生の頃、毎年、確か稲刈りが終わった頃だったと思うのですが、村の大きな家の庭で、伊勢から神楽組の一行が来て、弊・鈴・刀を以て神楽を舞い、曲芸のようなものを演じていたのを覚えています。だから、神楽といえば伊勢神楽だけだと、ずっと思っていました。

神楽が終って、外宮へ参拝し、相の山を通り内宮で参拝、これでやっと伊勢神宮の参拝が終わるわけです。この後、伊勢神宮の山宮として信仰された朝熊山、夫婦岩で知られる二見浦《ふたみがうら》のなどにも足をのばしたようです。

多くの参詣者は、外宮・内宮への参拝が終わってもすぐには郷里へは帰らず、東国からの参詣者は、大阪や奈良、京都などへの物見遊山に、あるいは西国霊場、金比羅、厳島などの遊山を兼ねた社寺参詣の旅をつづけ、帰路は中山道を採るのが一般的で、数ヵ月におよぶ旅をつづけたようです。この場合、伊勢にお参りした後、西国巡礼に向かう人々は田丸で巡礼姿に着替えて伊勢本街道と分かれ、熊野街道、古代から熊野参詣に利用された伊勢路をとって熊野を目指しました。

無事参詣を終えた人たちは、伊勢参りに限らずですが、精進落しと称して名物料理を食べたり、妓楼にあがったりなど、旅の開放感を楽しみました。先ほど紹介した湯峯温泉も、江戸時代には湯垢離の場から精進落しの温泉に姿を変えたようです。また、郷里に帰るとそれを出迎える「サカムカエ」という風習もあったようです。もとは外界の人を迎え入れる儀式だったといわれ、参詣によって身につけた霊威を分け与える、また、道中で見聞したことを共有するための儀式でもありました。今でも旅行した人が土産を持ち帰るのと同じで、代参したことの証明である神符や土産をその場で配ったわけです。社寺の門前に土産物屋が軒を並べるのも、このあたりがその発生源かも分かりません。

熊野にもよく似た儀式がありました。山祝いという行事です。江戸時代、三山へお参りして無事田辺へ辿り着いたことを祝い、宿で餅を搗くというものですが、今では姿を変え、本宮・新宮の社頭で「もうで餅」の名で売られてます。

近世の旅は中世の旅に比べ飛躍的に楽になったとはいえ、遠出する旅にはまだまだ苦難がともなったといえます。ときには、不幸にして死に至ることもあったかも知れませんから、こういう行事が生まれたのでしょう。また旅立ちにあたっても、旅の無事を祈る、あるいは決別の意を込めて水あるいは神酒を飲み交わす「デタチ」という儀式も行われました。

さて、お伊勢参りにはこのような普通の参詣とは違った形で行われた「抜参り」や「お蔭参り」、「ええじゃないか」という熱狂的な参詣がありました。

抜参りは、江戸時代、奉公人や年少者など自由に行動できなかった者が、親や主人・村役人の許しを得ずに、複数で伊勢神宮に参詣したことをいいます。参詣の風俗を描いた絵画にみられるように、白衣を着て腰に柄杓《ひしゃく》を差すという姿で、沿道の人々の施行を受けながら伊勢を目指す旅です。江戸時代初期には処罰の対象であったといわれる抜参りが盛んに行われたということは、抜参りという行為が暗黙のうちに認められていたからでしょう。抜参りから帰ってきた者までサカムカエをして祝ったということなので、抜参りが若年者に多かったことを考え合わせると、成年式としての通過儀礼の意味合いもあったのではないかともいわれています。

私が小学校に入るか入らないか、昭和二〇年代の中頃だったでしょうか、青年団の若者が何人かで歩いてお伊勢参りに行く、あるいは行ったという話を聞いた記憶があります。私が初めて伊勢神宮へ行ったのは小学校の修学旅行で、各自米一合を持参して一泊二日の旅だったのを覚えています。内宮や外宮についてはなにも覚えていないのですが、二見浦で夫婦岩を見て、土産に生姜板を買ったことだけが記憶に残ってます。

お蔭参りは、御蔭年に民衆が集団で参詣するという形をとります。江戸時代、伊勢神宮の大麻が降るという、人智を超えためでたいことの前兆と捉えて始まったといわれています。約六十年周期で流行したといわれ、多い時は年間五百万人ともいわれる人々が着の身着のままで、抜参り同様、沿道の人々の喜捨や施行を受けながら、伊勢へ参詣旅をつづけたわけです。ほとんど費用もかけずにお伊勢参りができるのは伊勢の神様の「おかげ」だから「お蔭参り」といったわけです。

幕末という時代背景があって起こった五回目の「お蔭参り」の流行は、「ええじゃないか」と歌い踊って歩いたといいます。この各地に起こった「ええじゃないか」では、お札が降ったといわれています。そのお札を祭壇に祀り、参詣者に酒食を供し、人々が女装や男装をして踊り歩いたりしました。ときには富裕者の家に踊り込み、酒食を要求したとも聞いています。所によっては、金比羅や愛宕のお札、仏像や神像、小判や銭までが降ったようです。

参詣の旅の意義

古代・中世の熊野詣は、出発地から熊野を目指し、参詣が終わるとそのまま出発地へ戻るという、辛いけれども純粋な信仰の旅でした。交通網も宿泊施設も整備されてなく、朝廷や幕府・荘園領主、大きな社寺などが設置した関所―室町時代中期の桑名・日永の短い区間に六〇あまりの関が設けられていたという―があちこちに設けられ、通行する人馬や荷物に関銭が徴収されたり、山賊が出没するなど大変な旅であったことが想像できます。しかし江戸時代になり、道路が整備され、一人旅や女子供でも泊まることのできる旅籠―平旅籠―が増加するなど、安心して旅ができるようになりました。加えて、名所記や道中記・案内記などの出版もさらに拍車をかけたと考えられます。

江戸時代、庶民の旅は参詣を目的としたものが多いのですが、江戸の庶民にとって大山詣や成田山、川崎大師や江ノ島弁天などへの参詣は、いってみれば比較的近距離の旅でした。一方、伊勢や熊野への参詣は遠距離参詣の旅であり、一生に一度の旅といってもいいでしょう。しかし、「伊勢に七度、熊野に三度、お多賀さまには月参り」といわれたように、伊勢や熊野、愛宕への参詣は何度してもよい、信心は熱心なほどよいというわけです。熱心さを示すかのように、熊野速玉大社の神門脇には、奥州南部八戸の吉田金右衛門という人が八回の参詣を記念した「奉八度参詣」の碑が建っています。なんとこの時、金右衛門さんは七十三歳でした。八戸から八度というのも驚きですが、七十三歳でよくも熊野まで来たなと感心するばかりです。

また、熊野速玉大社の摂社、神倉神社にも、奥州南部志和郡の大銀兵衛盛道という人が熊野三山に七度の参詣を成就した旨を刻字した「奉七度下馬」の標石が立っています。

一方では、「伊勢参り大神宮にもちょっとより」という言葉が残されているように、参詣旅とは名ばかりで、娯楽性に比重をおいた物見遊山の旅もありました。というよりも、こちらの方が大部分を占めていたのではないかと思います。このように参詣旅は、修行の旅といえる辛い耐える旅から、時代とともに娯楽性に富んだ楽しみながらの旅へと姿を変えていったといえます。

中辺路と小辺路の分岐点に立つ道標
正面に「右かうや十九り半／左きみい寺三十一り」
右側面に「左本宮道／二十一丁」と彫られている

神倉神社の「奉七度下馬石」

熊野速玉大社の「奉八度碑」

しかし、こういった物見遊山の旅にも意味がありました。遠隔地の社寺へ向かった参詣旅は、生涯そう幾度もできるわけではなく、一生に一度といえるでしょう。だからこそ、お伊勢参りの後に他の土地を巡るという旅をしたのではないかと考えられます。

参詣という旅にでることによって、各地の風物を見て、美味い名物料理を食べる。自分たちの土地にはない文化に触れ、それを地元に持ち帰り、共有する。遠隔地への参詣旅にはそういう側面も含まれていました。

参考文献

『紀伊續風土記』（巌南堂書店）
『紀伊名所図会（四）』（歴史図書社）
『三重県の地名』（平凡社）
『奈良県の地名』（平凡社）
『和歌山県の地名』（平凡社）
『図説和歌山県の歴史』安藤精一編（河出書房新社）
『本宮町史』（第一法規出版）
『世界遺産 吉野・高野・熊野を行く』小山靖憲（朝日新聞社）
「日本の歴史　古代から中世へ③」（週刊朝日百科）
「日本の歴史　近世Ⅰ⑨」（週刊朝日百科）
「日本の歴史　近世から近代へ⑥」（週刊朝日百科）
「熊野古道と石段・石畳」（三重県・三重県教育委員会）
「歴史の通調査報告書（1）熊野参詣道とその周辺」（和歌山県教育委員会）
「熊野街道　歴史の通調査報告書（1）」（三重県教育委員会）
「世界遺産 紀伊山地の霊場と参詣道」（世界遺産登録推進三県協議会）

熊野信仰と西国巡礼

三石　学

伊勢信仰と熊野信仰

熊野信仰は西国三十三所巡礼や伊勢信仰（伊勢参り）とは切り離して考えられません。ここでは、熊野信仰と同時に西国三十三所巡礼について述べてみます。

国家神道の本家・伊勢神宮があり、そこから熊野灘沿いに南へ百キロ程しか離れていない熊野には、古代の自然信仰的要素の強い神社が存在します。稲作儀礼を中心とし、神様の衣食住を司る神宮の祭礼は、年間千五百にも及ぶといわれています。不断・不変の厳格なしきたりに則った伊勢信仰と熊野信仰との違いは何でしょうか。

伊勢神宮は二十年に一度、式年遷宮を行い、その信仰および伝統や業を後世に伝えています。一方、熊野は社殿を持たず、厳格な儀式も少なく、磐座などをご神体とする原始信仰に近い、遷宮を行うことがない巨岩や巨木をご神体とする神社が多く点在しています。巨岩をご神体とする三重県熊野市の花の窟神社などはその典型です。こうした違いはどこからくるのでしょうか。伊勢と熊野の風土や地形など、その基層文化を探らなければ答えは出てきません。

八世紀初頭、伊勢が「大神宮」として格別の崇拝を受け、伊勢神宮を祀る禰宜氏族の荒木田氏が優遇されていました。その一方、熊野では熊野直《あたい》という地方豪族がいただけで、熊野の神を祀る氏族すら明らかではありませんでした。伊勢神宮は、天皇の使い、勅使以外の者が私的な願いで参詣することを禁ずる「私幣禁断」があり、布教もできず仏教も排しました。対して熊野では何者の参詣も拒まず、密教や修験道などの山岳宗教と結びつき、修験者組織の布教により開放された聖地となってきました。

熊野には黒潮を通じてやってくるマレビト神を迎える常世信仰と結びつく多くの漂着信仰があります。

クスノキの巨木をご神体とする引作神社（三重県御浜町）。南方熊楠と柳田國男の尽力により神社合祀の伐採から免れた。写真はオオクスを眺める柳田國男の息子の嫁である柳田冨美子さん。
（以下写真は全て筆者撮影）

『日本書紀』の神生みの舞台になり、イザナミノミコトの葬送地である花の窟神社や、神武東征上陸の地や秦の始皇帝から不老不死の仙薬を採るように命じられて蓬莱の国・日本にきた神仙・徐福を祀る神社など、神話伝承の地が伊勢路周辺に多く残されています。海の彼方から幸いがやってくるというマレビト信仰やエビス信仰も強く現れる地域で、海の彼方から辿り着いた漂着神や漂着仏が浦々に祀られています。

那智大社のご神体は那智の大滝ですし、新

宮・速玉大社の起こりは神倉山でゴトビキ岩と呼ばれる巨岩をご神体にしており、速玉大社の元宮といわれています。本宮大社は、旧社地である大斎原のイチイの木に神が三枚の月となって降臨したという巨木信仰です。大斎原そのものも熊野川と岩田川に囲まれた島状の地形になった水に囲まれた場所です。これらの神社の起源も、古代自然信仰から発展したものです。

巨岩が剥き出しになった山塊が七里御浜海岸に突き出しているのが「花の窟」であり、縄文時代の土偶や地母神像を思わせるような多くの洞窟を持つ巨岩そのものをご神体としています。花の窟が日本最古の神社であり、熊野三山の親神であり、イザナミの墓陵だといわれる所以は、『日本書紀』の神生み神話の記述に見られます。

『日本書紀・巻一神代』には「イザナミノミコト、火の神を生むときに神去りましぬ。故、紀伊国の熊野有馬村に葬りまつる。土俗、この神の魂を祭るには花の時には亦花を以て祭る。又、鼓《つつみ》、吹《ふえ》、幡旗《はた》を用《も》て、歌い舞いて祭る」と記されています。火の神カグツチノミコトを産んで、産褥熱で亡くなったイザナミノミコトの魂を鎮めるための日本で最初のお墓でもあります。この神の魂を鎮め、慰めるために毎年二月、十月二日の花の窟の祭りでは『日本書紀』の記述通り、季節の花を飾り、笛や鼓を演奏し、乙女が舞いを踊ります。

旧暦の種まきの時期と刈り入れの時期に合わせた農耕神事ともいえる「お綱掛け神事（三重県無形民俗文化財）は神聖な稲藁で編んだ一八〇メートルの長さの七本の縄を一つに束ねてお

綱としています。「花を以て祭る」といわれるように、季節の花々をお綱の幡旗に飾る最古の花祭りです。お綱をご神体である五〇メートルの巨岩の頂上から垂らし、境内を越え、七里御浜海岸の波打ち際まで引っ張ります。この大注連縄は神の領域であるという結界を示すと同時に、現世と海の彼方にある常世の国とを繋ぐものです。

花の窟の洞窟は多産・豊饒の祭祀場とされています。ご神体の巨岩の中央にある火の神・カグツチノミコトを産んだ女陰穴《ほとあな》とされる洞窟は、黄泉の国への入り口であり、新たな生命力を生み出す再生の場所でもあります。オオアナムチ（大穴牟遅）は根の堅洲国から黄泉比良坂を経てこの世に戻るときに、いろいろな試練に遭いながら、地中の室《ムロ》に籠ることにより大いなる霊力を持って帰ってきました。熊野を意味する牟婁《ムロ》（室）は籠りの地であり、新たな霊力を得る地でもあり、死と再生の地でもあります。

『日本書紀』の神生みの舞台・花の窟神社のご神体の磐座（熊野市）

イザナミは死を代償にしてこの世に火をもたらしました。宗教学者の久保田展弘氏は「母神が死んで火の神が生まれ、死を代償に火をもたらすことにより新しい命や文化をもたらした。イザナミノミコトは養蚕・穀物・金属・粘土・水の神々を産んだ。花の窟の地母神（大母神）はむすびの神でもある」といっています。

和歌山県新宮市や三重県熊野市などでは神武東征の伝説が色濃く残っています。神武天皇が紀伊半島西岸を回って熊野村に着いたとき、大熊の毒気に当てられた神武天皇の一行が、熊野高倉下に助けられ、狭野を越えて熊野神邑に至り、天磐楯に登ったとされ、神倉山の巨岩が天磐楯を指すともいわれています。また、上陸の際に熊野灘で暴風に遭って、稲飯命と三毛入野命は海神の怒りを鎮めるために海中に没し、常世の国に入っていきますが、これは海上他界と考えられます。那智の浜で中世より行われた補陀洛渡海も一種の水葬儀礼による海上他界でしょう。このような日本神話がベースにあり、熊野三山信仰と結びついています。

豊島修氏は本来、本宮大社の「山の熊野」、速玉大社、那智大社の「海の熊野」、花の窟の「窟の熊野」の三山があったとしています。この三社は元々別個のものであったと考えられていますが、修験道の発達や神仏習合の思想が影響を与え、三山が地理的にも近いことから相互に関連を持つようになったと思われます。熊野信仰は海洋や山岳に聖地を求める自然信仰と山岳信仰の融合体であり、神でも仏でもない極めて独特な来世宗教でした。伊勢を表とする顕国《うつしくに》に対して、熊野は死者の霊のこもる裏の幽国《かくしくに》であるという考え方もあります。

西国三十三所巡礼

平成一六（二〇〇四）年七月に世界遺産に登録された「紀伊山地の霊場と参詣道」には吉野・熊野・高野という三つの野（霊場）があり、それぞれ紀伊路、伊勢路、大峯奥駈道、大辺路、中辺路、小辺路の六本の道で結ばれています。霊場と霊場を結ぶ参詣道が熊野古道と呼ばれています。神仏混淆の熊野、真言密教の高野、修験の吉野、国家神道の伊勢。それぞれ異なった宗教が、紀伊半島という広大で深遠な舞台の中で曼荼羅の世界を形づくっています。

伊勢神宮までは神への道ですが、熊野三所権現を祀る熊野三山を結ぶ伊勢路は、現世・来世の利益を説く観音信仰の道であり、観音巡礼の霊場への道でした。伊勢路は伊勢外宮・内宮を参り、宮川を渡った伊勢・田丸の街から始まります。ここで巡礼者は西国巡礼の白装束に着替えました。「熊野へ参るには紀路と伊勢路のどれ近しどれ遠し広大慈悲の道なれば紀路も伊勢路も遠からず」と『梁塵秘抄』に謡われたように、平安時代から熊野に参るのには伊勢路と紀伊路の二つの大きなルートがありました。

平安時代から始まる熊野詣は当時の末法思想が大きな影響を与え、極楽浄土を希《こいねが》う人々が熊野に救いを求めました。現世利益と来世安楽を祈ったのです。生きているこの世も、死後の世界も熊野の神々に祈ることにより平安や安楽が得られるものとされました。また「小栗判官」の説話にあるように、業病に苦しむ者たちを迎え入れたのも熊野です。一遍上人の「信不信を選ばず，浄不浄を嫌わず」の言葉は熊野信仰の真髄を表わしています。

熊野古道・伊勢路は多くの巡礼者を受け入れてきました。苦しき不自由な時代、観音への救いを求め、さまざまな思いをもって、人々は巡礼の旅に出たのです。伊勢参拝を終えた東国の巡礼はひたすら熊野を目指しました。峻険な熊野の峠道で苦悩すればするほど功徳が積まれると信じられていました。熊野街道沿いには、病に倒れ力尽き、行き倒れた巡礼者の墓が数多く残され、今でも地元の住民によって供養されています。その一つ一つの墓石にはさまざまな人生のドラマが刻まれています。

西国三十三所巡礼は弘法大師ゆかりの寺院を巡る四国遍路と並んで、わが国の巡礼を代表するものです。観世音菩薩が衆生を救うため三十三の姿に変えて現れるという「法華経（妙法蓮華経）」の中にある観世音菩薩普門品《ふもんぼん》の教えに従い、その功徳を受けるため近畿地方に点在する三十三所観音霊場を円環的に訪ね歩いて本尊巡拝をする信仰の旅です。

観音は救いを求める者にあまねく手を差し伸べ、求めに応じてその姿を変え現れるといわれ、聖観音、千手観音、十一面観音、馬頭観音などがよく知られています。観音の起源はすでに紀元前後にあるとされていますが、日本人の中に観音信仰が芽生えたのは七世紀の初頭から八世紀にかけてであるといわれています。最初は阿弥陀如来像の左右の脇に立つ像でしたが、後に観音の教えが普及すると独立した菩薩として観音が信仰されるようになりました。

『日本書紀』にも第三十三代推古天皇（在位五九二～六二八）の項に「皇太子また法華経を岡本宮に説く」とあり、観音信仰の初出が見られます。『中山寺由来記』など西国巡礼の始まりを説いた縁起によれば、大和長谷寺の徳道上人が冥府で閻魔大王に会い、三十三所観音霊場の功徳を世に広めよとの命を受け、そのしるしを摂津の中山寺に納めたことが最初とされ、後に花山法皇がこれを復活し、仏眼上人と共に西国三十三所巡礼を始めたといわれています。

観音信仰を通じて苦行滅罪、極楽浄土を願う民衆の思いは、『日本霊異記』や『今昔物語』に見られるように数々の観世音霊験譚

熊野古道伊勢路の鎌倉期といわれる石畳道（熊野市波田須町）

や「壷坂霊験記」、「小栗判官・照手姫」などの説話を生み出しました。

三十三所観音巡礼の成立と変遷

第四十五代の聖武天皇の神亀四（七二七）年に徳道上人が十一面観音を安置し、堂宇を建立し、現在の長谷寺の基盤が確立したといわれています。

また、徳道上人が確立したといわれる西国三十三所観音霊場巡拝を復活させ、世に広めたのが花山法皇であるといわれています。書写山円教寺に赴き、播磨の聖といわれる性空上人を佛友として那智山をはじめとして紀伊・和泉・河内・大和・山城・丹波・摂津・播磨・丹後・近江の国々を回って、同年の秋、美濃の国の谷汲において三十三所の観音霊場巡礼を終えたとされています。この途中で詠んだ歌が御詠歌の始まりとされています。

十一～十二世紀の院政期には観音信仰が大いに広まり、貴族や武士、聖の間に観音霊場巡拝が始まりました。速水侑氏は『観音信仰』の中で、「平安時代の院政期に山林修行などで験力を得た聖たちは各地に『ひじりの住所』といわれる『別所』を形成し、広く貴賎参詣の対象となる観音霊場が生まれました。西国三十三所は、長谷・粉河・石山・清水などの伝統的な『旧観音霊場』と院政期に『ひじりの住所』として急速に発展した『新興霊場』との双方を踏まえて発展している…」と述べています。

紀伊路や中辺路は藤原定家《ふじわらていか》（一一六二〜一二四一）の日記、『明月記』の「熊野御幸記」に見られるように、後白河法皇などが熊野御幸をした貴族の道としての印象が強いですが、伊勢路は名も無き民衆の道です。過酷な時代を生きた民衆は、ひたすら観音の功徳《くどく》に救いを求め、熊野を目指しました。陸路である熊野古道が巡礼道として利用されましたが、『平家物語』には平清盛が伊勢の湊から船で熊野詣をしたということが書かれており、海の中からスズキが飛び込んできて、熊野修験者が吉事の前触れであると託宣し、それ以降、平家が栄えたといわれています。平家と熊野信仰は深い縁があるのです。

千手観音（熊野市大泊町）

鎌倉時代には西国三十三所巡礼が関東にも広がって坂東三十三所が成立し、室町時代には秩父三十三観音霊場が誕生します。行者や山伏、遊行聖、僧侶、三十三度行者が中心であり、一般庶民は室町時代になって西国三十三所巡礼を行ったものと考えられます。

この頃から、武士や宗教者に限定されていた西国巡礼も一般庶民の間に広がっていきます。勧進聖が先達となって巡礼者を各霊場に案内し、観音の霊験を説きました。熊野比丘尼や御師などの布教活動も盛んとなり熊野詣と西国巡礼は蟻の熊野詣とも称されるようになり、室町時代には西国巡礼が民衆化して大いに発展しました。

江戸時代を代表する紀行作家の鈴木牧之《ぼくし》は「天照す二た柱の御神に詣で、はた三十三所の霊場へも歩をひろわん」と故郷・越後から伊勢へ、そして熊野に足を進めており、その旅の様子を『西遊記新都詣西国巡礼』で記しています。

『北越雪譜』の作者であり、江戸時代の西国巡礼はいずれも伊勢神宮の参拝から始まっています。嘉永年間に出版された『西国三十三所名所図会』の巻頭には、「世に西国巡礼と称することは往昔東国の人、霊場を迎えるに道の便宜に伊勢神宮に詣で、而して熊野に至り漸くに国々を経て、美濃路に終わり故郷の吾が妻に帰る。順路よりして漸くは号けしとぞ依て古例にもとづきて伊勢路を発端とす」とあります。

現行の西国巡礼のコースは、京都を中心とする西国の人々には不便かもしれませんが、東国の人々にとっては極めて回りやすい、時計回り右回りの順路となっています。那智山を発して紀伊から河内・和泉・大和より醍醐・石山・三井を経て京に入り、丹波・摂津・播磨・丹後・若狭から近江に出て美濃の谷汲に至り、中山道または東海道を経て生国に戻る順序は巡礼者の多かった東国本位に考えられています。

この頃になると、巡礼者の増加とともに道中を案内するガイドブックである『西国三十三所名所図会』『紀伊国名所図会』などの巡礼案内記や巡礼絵図、巡礼縁起、御詠歌、札所本尊の御影、札所境内図などが多く出版されるようになりました。また読み書きの教養のある一般民衆は、自分自身の道中の記録としての道中日記を書き綴るようになりました。これらの記録から当時の旅の様子を窺い知ることができます。元禄三（一六九〇）年に出版された『三十三ヶ所西国道しるべ』には白衣に笈摺《おいずる》、杖の身に付け方、菅笠への文字の書き方など巡礼装束に関する指示などが書かれています。

西国三十三所観音霊場地図

西国三十三番札所一覧（現在）

番　号	寺　名	本　尊	開基（開山）	宗派	国名
第一番	那智山青岸渡寺	如意輪観音坐像	裸形上人	天台	紀伊
第二番	紀三井寺	十一面千手観音坐像	威光上人	真言	紀伊
第三番	粉河寺	千手観音立像	大伴孔子古	天台	紀伊
第四番	槙尾山施福寺	十一面千手観音坐像	行満上人	天台	和泉
第五番	藤（葛）井寺	十一面千手観音坐像	行基菩薩	真言	河内
第六番	壺阪山南法華寺	千手観音坐像	報恩沙弥	真言	大和
第七番	岡寺龍蓋寺	如意輪観音坐像	義淵僧正	真言	大和
第八番	長谷寺	十一面観音立像	徳道上人	真言	大和
第九番	興福寺南円堂	不空羂索観音坐像	藤原冬嗣	法相	大和
第十番	三室戸寺	千手観音立像	行表和尚	天台	山城
第十一番	上醍醐寺	准胝観音坐像	理源大師	真言	山城
第十二番	岩間寺	千手観音立像	泰澄上人	真言	近江
第十三番	石山寺	如意輪観音坐像	良弁僧正	真言	近江
第十四番	三井寺園城寺	如意輪観音坐像	智証大師	天台	近江
第十五番	今熊野	十一面観音立像	弘法大師	真言	山城
第十六番	清水寺	十一面千手観音立像	延鎮沙門	法相	山城
第十七番	六波羅密寺	十一面観音立像	空也上人	真言	山城
第十八番	六角堂頂法寺	如意輪観音坐像	聖徳太子	天台	洛中
第十九番	革堂行願寺	千手観音立像	行円上人	天台	洛中
第二十番	善峰寺	千手観音立像	源算上人	天台	山城
第二十一番	穴太寺	聖観音立像	大伴古麻呂	天台	丹波
第二十二番	総持寺	十一面千手観音立像	藤原山蔭	真言	摂津
第二十三番	勝尾寺	十一面千手観音立像	善仲、善算	真言	摂津
第二十四番	中山寺	十一面観音立像	聖徳太子	真言	摂津
第二十五番	播磨清水寺	十一面千手観音坐像	法道仙人	天台	播磨
第二十六番	法華山一乗寺	聖観音立像	法道仙人	天台	播磨
第二十七番	書写山円教寺	如意輪観音坐像	性空上人	天台	播磨
第二十八番	成相寺	聖観音立像	真応上人	真言	丹後
第二十九番	青葉山松尾寺	馬頭観音立像	威光上人	真言	丹後
第三十番	竹生島宝厳寺	千手観音立像	行基菩薩	真言	近江
第三十一番	長命寺	十一面千手観音立像	竹内宿禰	天台	近江
第三十二番	観音正寺	千手観音立像	聖徳太子	天台	近江
第三十三番	谷汲山華厳寺	十一面観音立像	豊然上人	天台	美濃

西国三十三所巡礼と熊野那智山

熊野那智山が第一番札所とされた背景にはいくつかの理由があります。花山法皇が正暦三(九九二)年に熊野御幸を行った折に那智の滝に籠り、滝本に本尊を寄進しました。縁起譚によれば、参籠する花山法皇の前に熊野権現が現れ、「日本の国には三十三ヶ所の観音霊場というものがある。その昔、初瀬寺の徳道上人が閻魔王より教えを受けてこれを巡礼したが、その後、途絶えて今では巡る人はいない。河内の国の石川寺に仏眼上人という、経文を読誦するたびに眼から光明を放つ名僧がいる。かの僧を案内役に観音霊場三十三ヶ所の巡礼を再興させよ」と

早朝の朝日を浴びる那智の滝

青岸渡寺から遠望した那智の滝

託宣したといわれる話があります。この託宣からも読み取れるように、長谷寺・中山寺と共に那智山は西国巡礼の重要な位置を占めるようになりました。

鎌倉時代には観音巡礼のコースもいくつかに分かれていましたが、現在のように那智山青岸渡寺を第一番札所とし、谷汲山華厳寺を第三十三番札所とする順路が確定したのは、那智山を中心に院政期に白河上皇、鳥羽上皇、後鳥羽上皇、後白河上皇などの熱烈な熊野信仰があったことが影響しています。白河上皇の初めての熊野御幸の際に先達を勤めた三井寺・園城寺派の僧・増誉（一〇三二～一一一六）はその功績により熊野三山検校に任命されました。次の熊野三山検校は行尊で、覚忠も第三十六世の園城寺長吏となり那智・本宮・新宮の熊野三山は天台宗寺門派と密接につながって、「山岳抖擻《とそう》」の延長線上に僧侶・山伏の修験の場として成立していきました。また那智参詣曼荼羅に描かれているように、那智山が南海に開け、観音浄土の世界の中心であり、補陀落信仰のメッカとなっていたことなどが熊野那智山が第一番札所となった理由でしょう。（速水侑編『観音信仰事典』）

このように修験者、山伏、勧進聖、三十三度巡礼行者、熊野比丘尼などにより熊野信仰とともに西国三十三所巡礼が那智山を基点として盛んになっていきます。

伊勢路に見る西国巡礼

江戸時代になると、先達であった勧進聖が幕府の取締りにより急速に衰えていきます。貨幣経済の発達や街道の整備とともに一般庶民の旅が盛んになります。特に元禄年間に入ると巡礼の数が増え、享保、宝暦、寛政年間には最盛期を迎えることになりました。

このことは今に残された多くの巡礼道中日記や巡礼が札所に納める木札などからも窺えます。『熊野年代記』には享和元（一八〇一）年の巡礼者は三万人と記録されています。現在、多くの西国巡礼道中日記が全国各地で発見されていますが、圧倒的に東北、関東のものが多く、西国では九州地方のものがよく見られます。

『西国三十三所名所図会』より　木本湊の絵図
鮪を眺める巡礼の姿も見える

江戸時代には伊勢神宮参拝とあわせて西国巡礼が行われるようになり、関東、東北など東国の巡礼者が増えました。伊勢神宮参拝を済ませ、宮川を渡った田丸城下にて笈摺を用意し、ここから巡礼がスタートしました。東国から来る人は地元では「関東べエ」「奥州べエ」と呼ばれました。熊野街道の伊勢路は、熊野三山と第一番札所那智山青岸渡寺へ通じる道としての役割を担っていました。道標には「くまのみち」「巡礼みち」「西国みち」「那智山みち」などと刻まれています。

巡礼者は那智から紀三井寺などを回った後、余力があれば高野山や金毘羅へ詣で、最後の札所の谷汲山では満願を果たしたしるしに白衣や笈摺を納め、東国への帰りには善光寺にお参りし、極楽往生を祈願しました。東北から来れば百日以上を要する長い旅路であり、途中で病に倒れた者、路銀を使い果たした者など数多くありました。伊勢神宮参拝に比べれば西国巡礼者の数は少なかったのですが、旅への思いは遊楽的な伊勢神宮参拝とはかなり違い、深い信仰に根ざしたものがありました。峠を一つ越えるごとに滅罪を願い、峠からは補陀洛浄土の世界を群青の熊野灘の海の向こうに望んだことでしょう。

平成九年に、三重県尾鷲市古江町の元庄屋宅から発見された古文書（尾鷲大庄屋文書）により、この地方でも四国遍路に見られるような「善根宿」があったことがわかりました。善根宿はお金や食料を持たず自力で旅を続けられない巡礼者に、道沿いの有力者が無料で提供する宿です。財力に余裕のある庄屋が善根宿をする場合が多く、古文書を要約すると次の通りです。

文政十三（一八三〇）年に肥州高来郡諫早領船越村（長崎県諫早市船越町）を出た杢助親子三人は、山陽道を通り、信州善光寺にお参りしたあと、伊勢神宮参拝を済ませ、西国巡礼に来た。熊野三山までの伊勢路の険しい峠をいくつか越えて、尾鷲に辿りついた杢助親子は路銀を使い果たしたのであろう、同年八月、庄屋の庄司家に一夜の宿をお世話になった。翌朝、出発して次の三木・羽後峠にさしかかったときに、長旅の疲れからか急に具合が悪くなり、庄司家に引き返した。当主の庄司和兵衛は早速医師を呼び、五日間手厚く看病したが、その甲斐もなく杢助は亡くなってしまった。庄司家は当地の作法に従い、できる限り丁寧に埋葬を済ませ、初七日の法要も行った後、残された妻と子供の伊八郎の諫早までの道中を案じながら温かく見送った。

その後の消息はわかっていませんでしたが、平成十四年に更なる古文書が庄司家の仏壇の下から発見され、後日談がわかりました。文政十三年から八年後の天保九（一八三八）年に杢助の子供の伊八郎が諫早の親族一同のお礼の手紙を携えて、再び熊野までやって来たことが書かれていました。

手紙には、かつて杢助が庄司家から受けた多大な厚情に感謝するとともに、お礼が遅くなった事を丁寧に詫びています。この古文書の発見により伊八郎親子は無事長崎・諫早に帰ったことが判明しました。この出来事の証として庄司家の墓地には今も杢助の供養塔が祀られています。

また、平成十九年には熊野市大泊町にも善根宿があったことがわかりました。大泊町・若山正亘氏宅の屋根裏から文政元（一八三一）年～明治一八（一八八五）年にかけて納められた五千五百枚あまりに及ぶ納札が発見されました。天井裏に置くと火災やそのほかの難から守られるという信仰により、残されたものと思われます。熊野街道では唯一残存する一級の納札資料です。

納札は無料で宿を提供してもらったお札にと、善根宿の主人に納めたものです。納札には「奉納西国三十三所」の目的地のほか、宿泊した年月日、巡礼の住所、氏名、年齢、同行者などが記入されています。

数多くの納札に書かれた巡礼者の出身地は、北海道、沖縄、隠岐を除く奥羽地方から九州までの全国に及んでいることがわかります。同行者の人数は、全体のおよそ半数が二人連れで、最高は二十七人連れという宿泊者もいました。一人での巡礼はごくわずかです。男女の比率としては、男性のみのケースが全体の半数を超えますが、女性のみが二八％、夫婦の場合が一五％と、意外にも女性の割合が多いのが特徴です。

巡礼の記録としては全国各地に残る道中記がありますが、これは比較的裕福な境遇にある者が記録したのに対し、善根宿に納札した人々は極めて困窮していたと思われます。こうした記録からはその時代の真の巡礼のあり方が見て取れます。またこのような記録が、例えば中辺路の田辺あたりにあれば、巡礼がその後どういう結末を迎えたかを読み解くことができると思われます。また先に述べた尾鷲市古江町の善根宿に納札が残されていれば、かなり関連性がわかり、あらたな発見があったかもしれません。信仰や病気治癒、飢饉による口減らしなどのさまざまな事情で、巡礼の旅に出なければならなかった庶民の物語が、これらの史料から読み解くことができるのです。

熊野街道沿いに点在する巡礼墓碑には過ぎ行く巡礼者と迎える熊野の人々との交流や悲話が数多く残されています。かつて巡礼者たちは、ひたすら観音の救いを求めて、西国巡礼の旅に出立しました。その途上でいかに多くの困難を乗り越えたかがこうした巡礼碑や文書から偲ぶことができます。

参考文献

『観音信仰事典』速水侑編（戎光祥出版）
『巡礼・遍路がわかる事典』中山和久（日本実業出版社）
『観音信仰』速水侑（塙書房）
「国文学解釈と鑑賞　熊野学へのアプローチ」（至文堂）
「国文学解釈と鑑賞　続・熊野学へのアプローチ」（至文堂）
「別冊太陽　熊野・三十三所巡礼と熊野信仰」北川央（平凡社）
「みえ熊野の歴史と文化シリーズ第4集・観音信仰」（みえ熊野学研究会編）
「三重県熊野市大泊町若山家所蔵熊野街道善根宿納札調査報告書」（熊野市教育委員会）
「熊野信仰の世界」（斎宮歴史博物館）

再生を願う巡礼の道　熊野古道伊勢路

小倉　肇

甦る熊野古道

古来、熊野三山をめざし、京・大阪より本宮に至る道を熊野街道と呼びました。『日本地名大辞典・三重県』によれば、「京より和歌山県側を経て新宮に至る道を西熊野街道（紀伊路）、三重県側を経て新宮に至る道を東熊野街道（伊勢路）という」と記述がなされています。熊野街道とは、この東・西両熊野街道の総称です。

熊野に参るには
紀路と伊勢路のどれ近し、どれ遠し
広大慈悲の道なれば
紀路も伊勢路も遠からず

後白河法皇が編集されたと伝わる『梁塵秘抄』の中の一節です。平安末期、すでに、東西の両熊野街道が、熊野詣のルートとして庶民の間にまで知られていたことを物語っています。
ただ、上皇や貴族たちの三山参詣は、ほとんどが紀伊路、それも田辺からは山中を縫う中辺路をたどるものでした。それは、九十九王子といわれた各遥拝所ごとに、遥拝の儀式を繰り返し、業《ごう》を払い身を清め、潔白の身で本願の地、本宮の神仏の前に立ち霊験を願ったからです。つまり、苦行と一体化しての旅として、熊野参詣が位置づけられていました。

それは当時の貴族たちにとって、華やかな時代が揺らぎはじめ、折から流行した末法到来の思想からくる将来への不安が、魂の集う国熊野、過去・現在・未来への三世に渡っての救済を約束してくれる聖地熊野への帰依を深めさせていったのだと思います。それにしても、後白河帝の三十四回（三十三回説もある）、後鳥羽帝の二十八回、鳥羽帝の二十一回という御幸の回数は、異常というほかはありません。

皇族・貴族たちの参詣ルートであった中辺路に代表される紀伊路（西熊野街道）に比べて、伊勢参宮を済ませた後に、熊野をめざす伊勢路（東熊野街道）は、巡礼に代表される庶民の道でした。近世に入り熊野三山信仰が、弘法大師に対する信仰と重なり合い、三十三ヶ所巡礼が盛んになると、庶民の間で伊勢参宮を済ませた後、さらに三十三ヶ所を巡礼する旅に出ることが流行となり、江戸時代の中期には「伊勢に七度、熊野へ三度　お多賀さまには月参り」と唄われるほどの広がりをみせ、ピークに達しました。

その理由の一つに、熊野は、参詣する人々をすべて平等に受け入れたことが挙げられると思います。熊野三山はいずれの社も、身分や性別など一切を問わず、参る人々を受け入れました。それはどんな業病に悩む人であっても、例外ではありませんでした。荒々しくて広大な大自然の中に存在する熊野三山は、全国より神仏のご加護を求め集まって来た人々にとって、限りなく優しい、すべての人々を受け入れてくれる聖地でした。

また、この辺境に、世代また世代と生き続けてきた熊野人たちは決して恵まれたとはいえぬ生活の中で、往来する巡礼者たちを優しく迎えました。身分、男女の差なく、相応の供物を施し、旅の半ばで倒れた人を手厚く巡礼墓に葬ってきました。

平成十六（二〇〇四）年に「紀伊山地の霊場と参詣道」として世界遺産に指定されたことは、熊野という辺境の持つ「日本人の心の原郷」としての風土を、物質が氾濫する時代のさ中にあって、生きることへの不安に悩む人々に憧憬の地として再認識させることになりました。人々が大自然に触れることにより、大いなるものとの交感を体験できる癒しの地として、熊野は再びクローズアップされてきたのです。

宮川に沿って顕国伊勢より幽国熊野へ

熊野へ参らむと思へども
徒歩より参れば道遠し
すぐれて山厳し

馬にて参れば苦行ならず
空より参らむ羽賜べ若王子

という流行歌が平安末期、後白河法皇が編まれた今様歌謡集『梁塵秘抄』の中に収められています。神仏習合の社であり、過去・現在・未来に渡って人々の悪業を払ってくれるという聖地熊野三山への道は、大辺路、中辺路と称された紀伊路をたどっても、伊勢路を通っても、いずれにしても、険しい山坂や、波浪の打ち寄せる海沿いの難路が連続する道でした。

延喜七（九〇七）年、宇多法皇が初の熊野御幸をされて以後、上皇たちが行列を組んでたどったのは、紀伊山脈の峰々の間を縫うようにして拓かれた紀伊路の中辺路でした。九十九王子といわれた逢拝所ごとに、禊《みそぎ》をしつつ、本宮をめざす熊野御幸は、それ自体が一つの苦行であり、儀式でした。

近世になると、伊勢参宮を済ませてから伊勢路をたどり、熊野三山へ詣でる巡礼行が盛んになります。この旅は庶民の通過儀礼ともいうべきほどの盛況を見せていきます。さらには弘法大師への信仰とも重なり、死者の霊魂の集う国熊野の神仏に詣で、さらに三十三ヶ所を巡ることにより過去の業を払拭し、新たなる未来を迎える、再生への旅という意味を持ってくるのです。

その再生への旅のスタート地点が聖なる川、宮川の河口であることも象徴的です。それは現世を意味する顕国を支配するとされる伊勢大神が倭姫《やまとひめ》に導かれ、現在の五十鈴《いすず》川のほとりにたどり着いたのが、この川を下る道であったと伝えられているからです。幽国、熊野三山への旅が、伊勢大神がお下りになったという伝説の川を、まず遡ることから始まるのです。

古道は、宮川河口にほど近い、現在の度会橋のたもとにあたる川端から田丸を経て、末寺百ヶ寺を越え、文明十八（一四八六）年開山という古大寺、神照山広泰寺への道をさす二・六メートルもの大石標の前に出ました。田丸では、道中着を巡礼装束に着替えるのが習わしでありました。ここから女鬼峠を越え、再び宮川の岸に出て、柳原観音として知られる千福寺に至りました。この寺の御本尊の観世音菩薩像は、聖徳太子の御作と伝えられ、西国三十三観音巡りの手引きの観音とされています。千福寺境内からの宮川の眺めは絶景です。

第一日目は現大台町の栃原か、大宮町の三瀬川で一泊するのが通常でした。栃原には神坂屋、柳屋、岡島屋などの旅館が軒を並べていました。今もその面影を残す天保九（一八三八）年に建てられたという岡島屋などは、間口七間もある堂々たる二階屋でした。栃原から三瀬川までの古道は現国道42号とほぼ並行して大台町下三瀬に出ます。下三瀬もまた宿場町でした。『勢陽五鈴遺響』という天保四（一八三三）年に書かれた古書の中で、「下三瀬は西国巡礼街道であり、二所大神に詣り、諸州の観音巡礼に出る巡礼たちは、ここを経て紀伊長島に至り、第一番那智山へ詣る道すじである。飲食、茶店などあり」と紹介されています。

古道はこの下三瀬から宮川の岸辺に出て、対岸の大宮町三瀬川の集落に渡っていました。天明六（一七八六）年に書かれた『西国道中記』には、「三瀬川という川があり、舟渡し六文、渡るとすぐ三瀬坂という坂があり、登り二十丁ばかり難所なり」と記されています。

六文で渡ったという三瀬川の渡し場は、川幅が広く、流れのゆるやかになった所にあります。三瀬川側の岸辺には千年以上の歴史を持つ延喜式内社、多岐原神社の森があり、深いふちに濃い影を落とし、静寂に包まれています。渡し場はすでに多岐原神社の境内です。三瀬川から標高二百六十五メートルの三瀬坂峠を越えると滝原宮のある野後に出ました。

竝宮といわれ、伊勢神宮の遙宮ともいわれる滝原宮は、今も昔も大社です。古代さながらの巨木の林立する参道を歩けば、不思議な安らぎを覚え、心満たされるものがあります。熊野古道は滝原宮の境内前より野後の旧町並みを通って、さらに南へ下っています。このあたりは旧街道の面影を濃く残した本格的な妻入り様式の木造民家が軒を連ね、巡礼や熊野道中講の道者たちが行き通った当時のまま、時間の流れが静止したような趣があります。

観音の聖地に通じる二つの峠

中世、熊野古道は、滝原宮のある野後から宮川の支流である大内山川に沿って点在する柏野・

崎・駒・間弓・梅ヶ谷・中野・米ヶ谷といった現大紀町内の各集落を経て、伊勢と熊野の国境である標高三百五十七メートルのツヅラト峠に至っていました。現在ツヅラト峠へはJR梅ヶ谷駅（大紀町）にて下車、国道42号と分かれ、大内山川をさらに二キロメートルほど遡り、「旧熊野街道ツヅラト峠登口」と刻まれた石標のある場所から胸突く急坂を三十分ほど登ります。

突然に視界が開けるところが峠です。眼下には紀伊長島区の赤羽川河口部と、海山区の桂城半島の浦々、そして、その前方はるかに群青の海原が広がります。伊勢の田丸より約十五里（六十キロメートル）、二日、あるいは三日がかりで、ひたすら山あいの谷沿いの道を御詠歌を唱えつつ杖を頼りに歩き続けてきた巡礼たちが、この峠に立ち、輝く補陀落の海を初めて目の当たりにしたときの感慨は、いかばかりであったでしょう。

この峠を一気に駆け下りると、熊野の最初の集落、志子に出ます。この道は九十九折《つづらお》りといわれる急坂の連続で、それよりツヅラト峠の名が生まれたといいます。急坂でありながら、ほぼ千年の間、古道が生き続けたのは、要所の側面、表面を石垣、石畳をもって保護していたからです。野面乱層積《のづらランそうづ》みといわれる古風な工法で自然石を巧みに組み合わせた石垣、石畳は、数百年の歳月を経て、なおこの古道を守り続けています。

近世に入り、十七世紀初頭に徳川頼宣《よりのぶ》が紀伊藩主となると、熊野街道も大改修が行われました。その際、ツヅラト峠越えのルートは、あまりの急坂ゆえに、標高二百四十一メートルの荷

ツヅラト峠より熊野灘を望む

坂峠越えに変更されたそうです。梅ヶ谷より大内山川流域に別れ、まっすぐ西に進み、荷坂峠を越えて直接熊野の海岸部に下るルートです。この峠もまた伊勢と熊野の国境にありました。

嘉永六（一八五三）年に出版された『西国三十三所名所図会』では、この峠にあった茶屋の店先から、はるか九木崎あたりまでを展望した風景画が、見開きの二枚続きで描かれています。『秋山紀行』『北越雪譜』などの名作を残したことで知られている、江戸時代を代表する紀行作家、鈴木牧之が、寛政八（一七九六）年、この峠を通過した際、「島山や霞もこめず千々の景」という句を詠んでいます。古道はこの峠より熊野に入ります。

峠を下りきった片上という集落の入り口に、一里塚の跡があります。今は塚の形状を全くとどめず、ただ行路病者として異郷の土と化した巡礼のために立てられたと伝えられる石仏が、一基ぽつんと祀られているだけです。

熊野七坂と石仏たち

熊野七坂
七坂越えてもまだ坂つきぬ

と巡礼たちを嘆かせたほど現紀北町紀伊長島地区以南の熊野古道は、一浦、一村ごとに峠越えの連続する難路でした。一石峠、鋸坂を越えて道瀬集落へ、さらに三浦峠を越えて三浦集落へと、浦村の境に必ず二百メートル前後の峠があります。この難路に倒れる巡礼も少なからずありました。

三浦集落の西外れ、国道42号にかかる相瀬橋のたもとには、行き倒れた巡礼を供養したものといわれる石碑が残されています。立江地蔵と並んで堂内に安置されている古石碑の表面には、「安山是心居士」という戒名と天保七（一八三六）年という年号が刻まれています。

歩くことが行《ぎょう》そのものであるという難路を旅する巡礼たちの心を慰めたものは、心身を包み込んでくれるような大自然の雄大さと美しさでした。峠に至るまでの厳しい幽谷の霊気、山頂より眼前に繰り広げられる熊野灘の群青の輝きは、命をかける覚悟を要した巡礼の道に多くの人々を誘う魅力を持っていたのです。

紀伊長島区三浦と海山区馬瀬集落との境にあるのが、始神峠です。紀州藩の地誌である『紀伊続風土記』に「頂上より望めば長島郷の諸村眼底にありて　北は紀勢の境の山　屏風を列ぬる如く西より東に指出て志州の方に連なれり　正東大洋を望めば際涯なくして　晴日　日の始めて出るころは洋中に富士峰を視るべし」と記されています。鈴木牧之も、この峠を通過した際、「大洋に潮の花や朝日の出」と、その絶景を詠んでいます。

『西国三十三所名所図会』「みえ熊野の歴史と文化シリーズ①熊野道中記」（みえ熊野学研究会企画・発行）より
八鬼山

　業苦に満ちた現世に見切りをつけ、ひたすら極楽浄土を求めて熊野古道を歩み続ける巡礼たちの中には、厳しい大自然の中で力尽き果て、倒れる者も少なくありませんでした。貧しい暮らしの中にあって熊野の人々は、無念にも再生の願い半ばにして骨を異土に埋めることになった巡礼たちを丁重に供養してやりました。古道の各所にある仏碑が、熊野の人々の優しさを物語っています。北牟婁郡紀北町海山区相賀の、熊野古道に面した真宗寺院に残る蛤石観音も、その一つです。

元は銚子川の岸辺に置かれていたというその石仏は、高さ十センチ、幅一メートルほどのハマグリ形の石に丸い穴が彫られ、その中に聖観音像が浮き彫りにされた石仏です。石碑の周囲に「蛤石　順れい手引観音　尾州名古屋船入町　杉屋佐太郎　南無阿弥陀仏　天保十一庚子五月　釈了義為菩薩」と刻字されています。ここより銚子川を渡って、熊野古道屈指の難路、急坂の連続する馬越峠を越え、尾鷲に至りました。

一里塚のある場所を過ぎ、最後の急坂の石畳道を上りきると頂上です。『西国三十三所名所図会』に茶屋のある風景が描かれていますが、今日ではその痕跡を見るのみです。この峠の石畳道は江戸時代初期のまま約三キロメートルに渡って現存し、雄大にして堅固、世界遺産伊勢路のハイライトとされています。峠に立つ句碑の「夜は花の　上に音あり　山の水」という句は、幕末の近江の俳人、可涼園桃乙の作です。峠から尾鷲市側への下り道は、両側の雑木林が季節ごとに花の道と化します。途中には桜地蔵や、馬越公園などがあります。さらに広い墓地の中を通過し、下りきった所が、尾鷲の街の北の入り口です。

馬越峠は標高三百二十五メートル余りの天狗倉山の西の肩を越えるルートですが、この馬越墓地あたりの古道から振り返り仰ぎ見る「天狗倉山」の山容は、息をのむ美しさです。尾鷲市と熊野市の境界をなす八鬼山峠は標高六百二十七メートルです。約一町（百九メートル）ごとに計五十体が置かれたという町石仏が、現在も三十四体残っています。七曲りなどの難所の続く峻険な道に斃《たお》れる巡礼も多く、その魂を供養した石仏や、神宮復興の功労者、清順上人の供養碑などが林間の石畳道わきのそこかしこに散在し、まさに霊魂の漂う中を旅する趣があります。

頂上からは断続して石畳の残る明治道をたどり、名柄の一里塚跡を経て、白砂青松の三木里

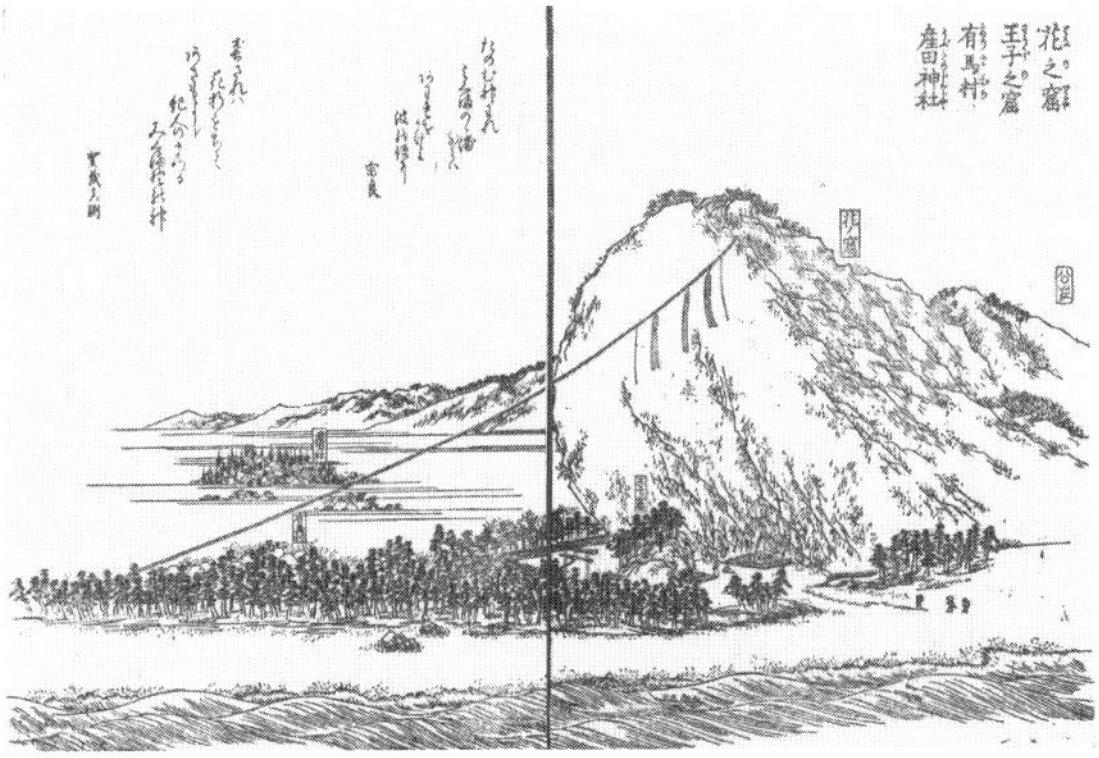

『西国三十三所名所図会』「みえ熊野の歴史と文化シリーズ① 熊野道中記」（みえ熊野学研究会企画・発行）より　花之窟

海岸に出ます。向井登り口より約十キロメートルの行程です。紀州藩主であった徳川吉宗の命で植えたといわれる松原が美しい三木里海岸は、近年海水浴場として脚光を浴びています。

熊野古道は三木里から古江、賀田と輪内湾沿いの浦々を巡り曽根浦に出ます。ここから、再び曽根次郎、太郎という名前をつけられた険阻な山越えとなります。頂上の甫母《ほぼ》峠《とうげ》は、古代において志摩と熊野の国境であったと伝えられています。次郎坂・太郎坂の名称も、お互いに峠までは自領、越えれば他領という意味からきたものとのことです。

この峠を下ったところが、神武天皇上陸神話の地、二木島です。二木島湾口の南の岬には、神武天

皇の次兄稲飯命を祀った室古神社、相対する北の岬には、神武天皇の三兄三毛入野命を祀った阿古師神社があります。ともに、末弟である神武天皇の東征を助けるため自ら死を選んだ神々です。熊野は神話においても、生と死が織りなす物語を伝えてきた国なのです。

二木島から新鹿を経て古道は、国道311号と交差しながら、徐福伝説の里、波田須集落に出ます。波田須から次の大泊集落までは、再び峠越えの道となります。そこより山道になり、竹林の多いなだらかな上り道が峠に延びています。古道に沿うように猪垣も延々と続きます。石畳の上に積もった竹の落葉を踏みしめて歩いていると、まるで南画の世界を旅しているかのようです。峠には、昭和四十年代まで茶店が営業していたとのことです。峠からの下りもまた、竹林の中を歩くなだらかな坂道の連続です。やがて竹林の尽きるところ、大泊の白砂の海岸は目前です。

補陀洛に連らなる長汀の道

大泊から熊野市の中心地区である木本町に至る古道は、鬼ヶ城の裏山にあたる松本峠を越えていました。鬼ヶ城にほど近い登り口から急坂の道を三十分も登れば、標高百三十メートルの松本峠に達します。辺りは、小さな台地状をなしていて、竹林の中に石仏が散在しています。

江戸時代までは、寺院や茶屋、寺子屋もあったということです。

峠からの下りは、整った石畳の道が続きます。途中に七里御浜を見渡せる絶景の場所があり、東屋《あずまや》が建てられています。ここより見渡せば、七里に渡ってただ一筋に熊野川河口までなぎさが連なっています。この景観を目の前にして、巡礼たちはいよいよ補陀落の聖地に足を踏み入れた感動に身を震わせたことでしょう。そして峠を下ると、古道は木本町の市街地を貫通して、南下していきます。

美しい七里御浜にそって古道は聖地に連なっていく

さらに海浜に沿って百メートルほど歩けば、「日本最古の神社」と刻印された石柱があり、高さ七十メートルほどもある大絶壁の前に出ます。『日本書紀』に「イザナミノミコトを紀伊の熊野国有馬村に葬る」と記された「花の窟《いわや》」です。火霊神カグツチを出産の際、産道を火傷して亡くなられた皇母神イザナミの御陵です。『日本書紀』に記述されている、イザナミの死を悼む花祭りは連綿と伝えられ、毎年二月と十月に行われています。熊野に鬼の国、根の国、陰国とのイメージが生まれたのもこの御陵の存在によるところが大きいと思います。

しかし、花の窟陵の拝殿として、この地より一キロメートルほど離れた森の中に建てられた産田《うぶた》神社は、古来より安産の神とされ信仰を集めていました。ここでも死が生に連なるストーリーが伝承されているのです。熊野市有馬地区で浜街道と呼ばれていた本街道と分かれ、金山の坂を越え神木地区に入り、山あいの連続する坂道の上り下りを繰り返し、ひたすら本宮をめざす脇街道が本宮道です。

本宮道は美しい石畳を持つ横垣峠や風伝峠を越え、さらに熊野市紀和町の入鹿地区より江戸時代まで鉱山が経営されていた水車谷を経て、楊枝川を下り、熊野川岸の楊枝集落に出ます。近松門左衛門の芝居にも登場する楊枝薬師堂にお参りをし、巡礼者たちは、渡し船で対岸の和歌山県志古地区に渡り、さらに本宮をめざして歩き続けたのです。ただ、巡礼たちの多くは、ひたすら汀に沿って、七里に渡って続く本街道である浜街道を歩き続けたのです。

汀と国道42号に挟まれた防風林が、紀宝町鵜殿までの約二十数キロメートルに渡ってほぼ残されています。昔の古道は、この林の中や石浜を通っていました。七里御浜には、背後の山々から流れ出る川の河口が多く、いずれも雨期には水量を増し、徒歩で渡ることの多かった昔は、難所とされていました。

熊野市と御浜町の境にあたる志原川河口もその一つとされ、『西国三十三所名所図会』にも「親知らず、子知らずの難所」として紹介されています。志原川河口に架かる橋の御浜町側のたもとの松林の中に、三基の石碑が向い合うように立っています。最も大きい高さ八十センチメートルほどの碑には「還邦信士丹州船井郡質志村北村八千右衛門　文化九（一八一二）年壬申三月四日」という文字が刻まれています。

市木の一里塚を過ぎれば、萩内の集落です。国道42号に面して建つ御浜町役場裏手の、飛波山と呼ばれる高台に、紅い鳥居を持つ小さな社があります。いずこからか、美しい乙女が萩内の御浜に箱船にて流れ着きました。集落の人々に徳を施し、やがてこの地で亡くなりました。その乙女を祀った絶景の丘に建つこの赤い小社は、詣でれば美しい女の子が生まれるという伝承を今に伝えています。

七里御浜も紀宝町井田川の河口を過ぎると、南端の梶鼻の大岩が視界に入ってきます。この辺りの、延々と海浜に沿って一直線に続く松林が見事です。井田地区の北の入り口に、中世の昔、海を渡ってこの地に渡来したという伝説の観音を祀った井田観音堂があります。

井田より古道は、そのまま海岸沿いに鵜殿の梶鼻王子を経て阿須賀の渡しに出る道と、山手に入り成川の渡しをめざす道とに分かれていました。丘の上の古道を通れば、井田一里塚、横手地蔵、沖見茶屋跡などの石仏・遺跡が、在りし日の古道の面影をしのばせています。いずれの道もほどなく大河、熊野川の岸辺に出ます。河岸の高台には熊野三山最初の大社、速玉大社の森を臨む貴祢ケ谷社《きねがたにしゃ》があります。この小さな風格のある社こそ、熊野三山発祥の社とされ、二千年の歴史を誇る古社です。

　そして、この小さな社の対岸は、すでに速玉大社の境内になります。ここは、伊勢より四十里、百六十キロメートルに渡る熊野古道伊勢路の終焉の地であり、いよいよ再生への霊地熊野三山に臨む覚悟の地でもあります。

心をつなぐ熊野本宮

九鬼家隆

天と地を結ぶ場所

熊野の本宮大社のお話をさせて頂きます。私は神主ですから、現場のことや、お参りする人々がどういう想いで来られているかといったお話を皆様に分かっていただければと思います。二〇〇四年に、熊野は世界遺産になりました。熊野古道には高野山から入る路、那智勝浦から入る路、また伊勢路の東紀州から入る路があって、熊野を訪れる方々は、それぞれ五つのポイントの道筋を追って、色々な想いを持ってお越しになられます。

もう一度、この熊野から帰られた時、熊野だけでなく、自分たちが生まれ育った地域の底力―日本の本来の底力というものが今だんだんと消え去っております―を思い起こして欲しいと思うのです。我々の先人たちが残してきた祭、神事、伝承等の消失が、今の時代の混迷の根幹にあると思うのです。ぜひ、もう一度原点に立ちかえるという意味で、熊野・伊勢を捉えて頂ければと思います。今しばらく、本宮の紹介をさせて頂きます。

左は江戸末期の絵図ですが、大斎原《おおゆのはら》が描かれています。この近くに湯峰温泉、川湯温泉、渡瀬温泉という三つの温泉があります。これらの温泉の源という意味もあり、「大湯原」の文字で平安時代の古文書などにも出ております。この場所に、明治二十二年まで本宮大社の社殿がありましたが、洪水で流れたのです。この奥がすぐ吉野になります。南方熊楠も本宮の災害に

江戸末期の大斎原《おおゆのはら》（古絵図原図）

ついて書いております。

当時、明治の施策で山が伐採され、その後に長雨が降った影響で、土石流が発生しました。そして、この熊野川が多くの人々の命を飲みこみ、大斎原の社殿も大きく崩壊しました。熊野川と音無川、そして奥の湯峰温泉から近くを流れている岩田川という川がありまして、明治の二十二年までは、この三つの川の中州に本宮がありました。

御社殿が三社ありまして、第一、二殿に熊野《くまの》夫須美大神《ふすみのおおかみ》（伊《い》邪那美大神《ざなみのおおかみ》）と熊野《くまの》速玉大神《はやたまのおおかみ》（伊邪那岐大神《いざなぎのおおかみ》）、第三殿には主祭神の家津御子大神《けつみこのおおかみ》（素戔嗚尊《すさのおのみこと》）、第四殿に伊勢神宮の天照大神《あまてらすのおおみかみ》をお祀りしてあります。この三つのお社が災害を免れましたので、それを解体して現在の場所に移築をしたわけです。

どうして本宮をこの大斎原にしたかといえば、ここは天と地を結ぶ場所であり、人々の再生の場所として、常に神事を行ってきた場所だったからです。そういう意味では、この場所が一番適していました。また水に囲まれているという地形的な特徴からも、この場所が選ばれたのだろうと思います。水害から逃れ移築された後は、大神様が降り立った場所を眺めおろせる場所として、現在の御社殿の配置が決められたのだろうと思います。ですから、このように災害を被った後、ただ土地が空いているからという理由で、ここに御社殿を建てたわけではありません。太陽の昇る場所を正面にして、明治二十四年に現在の場所にお移ししたのです。

三重県に花窟《はなのいわや》神社という、伊邪那美大神の和魂《にぎみたま》がおさまっているところがあります。花窟は伊邪那美大神のお墓ですが、本宮には産田社《うぶたしゃ》というものがありまして、そちらには伊邪那美大神の荒魂《あらみたま》が鎮められています。

神社の縁起では、櫟の木の梢に三体の月が現れたと言います。一つは素戔嗚尊であり、もう一つは母親の伊邪那美大神であり、三つ目は父親の伊邪那岐大神でした。本宮の産田社に伊邪那美の御魂をお迎えすることで、「我も永遠に鎮まる」と伝えられています。

御社殿と素戔嗚尊を鎮める前に、伊邪那美の荒魂だけを先に産田社にお祀りしているということが、何か非常に深い意味合いを持っているように思います。まっすぐその延長線上には、三重県の花窟神社があります。伊邪那美大神の荒魂を産田社に鎮めたということは、荒々しい素戔嗚尊の傍には、常に母親の荒魂が存在していることを示しています。それはまるで人間の母と息子の関わり合いのようにも見えます。本来、和魂とは母の慈愛の心です。しかし、息子が荒々しく動き出した時は、母の荒魂が息子の高ぶる気持ちを抑えます。

大斎原の今昔

現在の大斎原とその周辺

上の写真は、大斎原の現在の姿です。熊野川が流れ、右手に大斎原が見えます。現在の御社殿はこの高台にありまして、この一番大きいのが伊邪那美大神・伊邪那岐大神、真ん中が素戔鳴尊で、左手が天照大神。ご夫婦・ご家族の四柱がこの場所に鎮まっています。産田社は、ここに堤防がありますが、ちょうどこの位置にあります。

大斎原の中には石の祠がございまして、災害で流された神様を鎮めてあります。明治二十二年以降、天忍穂耳《あめのおしほみみの》命《みこと》をはじめ残りの八柱の神々と、地元の神々を合わせてお祀りしております。

次頁右の写真は一遍上人の碑ですが、昭和四十六年に建てました。「南無阿弥陀仏」と書いてありますが、藤

大斎原入口の大鳥居

一遍上人の碑

沢市の時宗の遊行寺と本宮大社との関わりを示すものです。一遍上人という僧侶が本宮にも参ったということと、神仏の一体感を時宗を通して知ってもらう必要があるだろうと、先代の宮司と時宗の管長、そして末寺のご住職と檀家の方々が一致協力して建てました。

一遍上人は四国松山の出身でありますから、碑にはそこの庵治石を使いました。周りの石積みは、地元の各遊行寺の末寺の境内にあった石を使っています。この碑の「南無阿弥陀仏」は一遍上人の書かれた文字を模写したものです。二十三日は一遍上人が亡くなられた日なので、毎月お祭をしています。

熊野が世界遺産になった時、国と県が大斎原の入口に大鳥居の説明板を設置しました。上の写真が大斎原の入口にある、高さ三十三・九メートルの大鳥居です。ここに檜の東鳥居が明治二十二年までありましたが、土石流で崩壊してしまいました。そこで、一九九九年に、この大鳥居を以前の東鳥居があった場所に鉄で造りました。

この鉄の鳥居は、昔の鳥居とは規模も土台も違います。本宮にはその時代時代に生きる人々に何かメッセージを伝え、生きる元気を与えるという役割がございます。当時はバブルが崩壊し、大阪の小学校では殺傷事件がありました。そういう時期に、今一度熊野から生命とは何か、再生とは何かといったメッセージを送ることを考え建てました。何か今の時代の人々に新しいものと古いものをつないで表現できるものを神社としてはできるはずだという認識の下、こういう大鳥居を建てたのです。

大斎原の御社殿（明治初期）

上の写真は明治時代のしかも水害前の大斎原です。こんなに樹木が高く繁っていたんですね。伊邪那美大神が鎮まっているお社の隣に、神楽殿という神楽をするところがあります。その隣が素戔嗚尊の証誠殿《しょうじょうでん》、右手が若宮、天照大神の鎮まっているお社です。その隣が、八柱の御祭神が鎮まっているところです。

現在は本宮の一殿、二殿に、伊邪那美大神・伊邪那岐大神と、それから素戔嗚尊である家津御子大神の証誠殿と、そして天照大神が鎮まっている若宮があります。この三棟で総称して上四社と言います。四柱の神が熊野の親神ということで、三社ですが上四社と称しています。そして中四社、それから下四社という八社があります。この写真から明治初期の参拝者の様子がわかります。現在の本宮では、この三棟が移築されてお祀りされています。

上の写真は同じ時期のもので、反対側からとった御社殿の様子です。お参りされている方の姿が見られます。写っている白いものは、雪ではありません。明治の初期ですから、硝子板を使っていまして、そこにはっきり白く陽の光が照っています。白い袴を着た神職の者が写っていますが、おわかりになりますでしょうか。当時は、江戸時代までは随時中に入って、神様の近くでお参りしました。一遍上人のように百日間も参拝した僧侶の方や、十日間参拝した人たちもいたようです。

左上の写真は昭和二十三、四年頃の大斎原です。中が見えないぐらい樹木に囲まれています。桜の時期でしょうか。これが町から見た本宮の景観です。この神楽殿は、各上皇様が無事に熊野に到着したときに、御祝いの能を舞う場所でした。また、各上皇様が旅立つ時には清祓《きよめはらい》とお参りの御神楽を舞った場所でもあります。この神楽殿は現在、まだ復元できていません。

左中段・下段の写真が現在の御社殿の様子です。伊邪那岐大神・伊邪那美大神、素戔嗚尊、

大斎原の御社殿（明治初期）背面

大斎原（昭和 23-24 年頃）

天照大神がこちらに鎮まっておられます。三棟の上四社です。屋根は檜の皮ですが、昭和四十二年に葺き替えられました。雨や台風が多く厳しい状況ではありますが、今のところ雨漏りもなく、こうしてお祀りさせて頂いております（平成二十三年に葺き替え左下段写真参照）。

現在の御社殿（御屋根葺き替え前の御社殿）

現在の御社殿（平成 23 年に御屋根が葺き替えられた御社殿）

熊野牛王神符とそのご利益

左頁上段の右図は俗に言う「熊野牛王神符《くまのごおうしんぷ》」というお札です。右手が熊野という字、真ん中が宝、それから印という旧字を、「八咫烏文字《やたがらす》」で書いてあります。これで「熊野宝璽《くまのほうじ》」と読みます。これは誓約の時に使われたりします。また病気などの時にこれを焼いて、水とまぜてその灰を飲むと体がよくなると言われており、薬としても使われていました。現在は結婚式の時に、新郎新婦が読み上げる誓いの言葉の後ろに挟ませて頂いております。

左頁上段の左の写真は、ご神符のお札の版木と宝印です。版木は桜の木の根で、宝印は雄松で作られています。宝印の模様は素戔嗚尊、伊邪那岐大神、伊邪那美大神の三つの御祭神の魂を印で表しています。雄松は、正月三が日に、当社の御社殿の前に新門がありますが、その門のところに左右に雄松を飾りつけます。

実は雄松には、その年はじめて素戔嗚尊、伊邪那岐大神、伊邪那美大神の御魂が宿るという言伝えがございました。そして三が日を終えた時点で、雄松を調整してできたのが、印の形です。だから毎年、印の形が微妙に違います。現在は本宮だけで宝印を作っています。

左頁下段の右図が速玉大社のお札です。これは四十八羽の形をしています。

下段の左図が、滝のある那智大社の宝印です。この図では、烏は七十二羽ですが、本宮では

熊野牛王神符のご神符のお札の版木と宝印

熊野本宮大社の牛王神符（八十八羽の形）

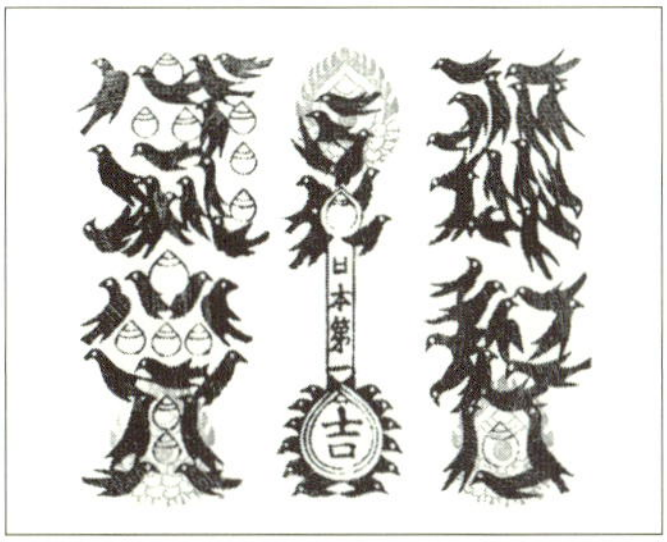

熊野那智大社の牛王神符（七十二羽の形）

熊野速玉大社の牛王神符（四十八羽の形）

八十八羽です。この八十八という数字には、物事を大きく発展させるという意味があります。

牛王神符が一番使われたのは戦国時代です。武将たちが血判状として用いました。ほとんどのお札が那智のものであるのは、那智が一番早く烏文字の形のお札を調整したからだろうと考えられています。しかし、お札の印は本宮大社のものが使われていたようです。熊野比丘尼などの人々が持って全国を行脚するため、那智で刷り上げたものをいったん、本宮に持参して、新たに御魂の印を押してもらって、配っていたのだろうと言われております。最近は三山にもあるというこ

牛王神符の八咫烏神事１

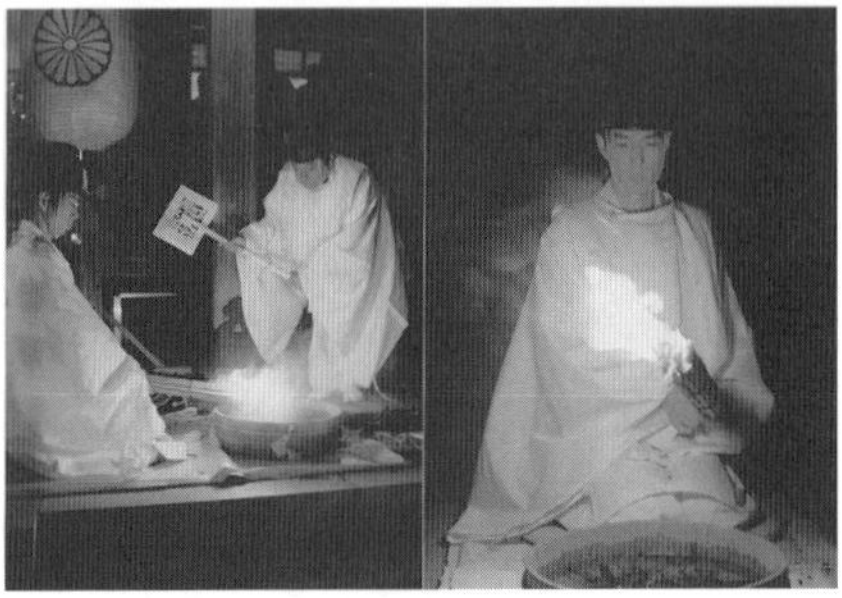

牛王神符の八咫烏神事２
水と火と、新たな牛王神符を刷ったものを
清めている神事の様子

とで、参拝者が牛王神符を集めることがあるようです。

上の写真は牛王神符の「八《や》咫烏《たがらす》神事」というものです。毎年、一月七日に必ず行われます。これは本宮大社で行われる神事で、上段の写真は神職が松明を先頭にしてお祀りに向かう様子です。

下の写真は、水と火で、新たに刷った牛王神符を清めている神事の様子です。この水は、水道の水ではありません。江戸時代から絶えることのない、真名井《まない》社の水です。それを三が日の間に、特に元日の若水を汲んできて、桶にはわせて、用意しておきます。その水でお清めをいたします。

さきほどの牛王神符は、版木にはけで真名井の水と墨をかきまぜながら、一枚一枚刷り上げたものです。牛王神符には「牛」の字が使われていますが、本来、平安、鎌倉の時代には、牛の胆のうを取って、それを乾燥させて、指でつぶしながら墨と水に混ぜて、牛王神符を刷り上げていったのです。「求心」という薬がありますが、あれは牛の胆のうが入っております。だから少量でも高いのです。十年前、海外の医学学会で日本の薬の歴史が発表された折、牛王神符が日本の古《いにしえ》の薬として紹介されたことがあったそうです。

「八咫烏神事」の中で、牛王神符が出来上がった時点で、拝殿の左手の柱に向って三回「こういう宝印を調製しました」と大神様に報告する儀式があります。神主が三回押して、大神様に確認頂いて、当日の参列者の方に宝印だけをお配りしています。この宝印が欲しい方のなかには、はるばる東京や九州からいらっしゃる方もいますし、毎年お受けになる方もおられます。お札は、毎年作ります。神棚があれば神棚、あるいはどこか高い所にお祀りいただければいいと思います。

熊野本宮大社の正面入り口

　上の写真は、現在の本宮大社の正面入口の様子です。現在はこのように広くなりましたが、昭和の初期ぐらいまでの正面入口の規模は小さく、ひっそりしていました。

　次頁の図は八咫烏のサッカーのマークです。以前、なぜ烏の三本の足の図柄を熊野三山は許したのかと、とんでもないと電話がありました。これは許可云々という話ではないんで

2006年FIFA World Cup Germanyで使われた
日本サッカー協会のマーク
八咫烏がシンボルになっている

すね。こちらは全然知らないことでした。実は本宮、速玉、那智の八咫烏は、三山とも絵柄が違います。

なぜこの烏をJリーグ、日本サッカー協会が使ったかと言うと、明治初期にはじめて日本にフットボール（サッカー）を紹介した中村覚之助という人が那智勝浦の人だったからです。かつて長沼Jリーグ初代会長をはじめ、御参拝にいらっしゃった方々が、Jリーグをプロにする時に、歴史を調べていったところ、間違いなく熊野の人間がサッカーを取り入れたということでした。

当時、二十四、五人ぐらいの方が先発として始められたのですが、そのうち五人が熊野の方だったようです。その中の一人が中村覚之助という方でした。イギリスでこの球技を見て、それぞれのポジションの選手が責任を持って一つの目的に向かうということは大切だ、日本に広めようということで持ち帰ってきたようです。明治初期に横浜で親善試合が行われて、その時の監督が中村覚之助、またコーチも熊野の方でした。

そのような因縁で、サッカーのトレードマークは決まりました。神武天皇を導いていくという縁起と伝承からも、八咫烏が選ばれました。トレードマークである八咫烏をきっかけに熊野に来

人々の心をつなぐ八咫ポスト

熊野の絵解きで使われる曼荼羅

られる若い人もたくさんいます。ちなみに本宮の絵柄は、烏が両翼を広げた形になっています。

上の右図は現在の熊野の絵解きで使われる曼荼羅です。曼荼羅は、四月十五日に本宮で取り行っている大祭の様子や時宗の一遍さんのお祭り、八咫烏などを一本の巻物にしたものです。この曼荼羅は、六年前に作成されました。これは本宮だけではなくて、新宮、那智勝浦それぞれの地域の伝承、神事を描いており、観光用にも活用されております。

人々の心をつなぐ八咫ポスト

上の左の写真は本宮境内のポストです。黒いポストで、八咫烏を意識してデザインしています。若い人たちにもう一度日本というものを知ってもらいたいと思って設置しました。しかし、なぜポストなのでしょうか。現在、メディアは非常に発達して便利になっています。あっという間にいろいろな情報が入ってきます。しかし、熊野に入って来た時は、それをいったん忘れて無の状態になって頂きたいと思います。自分の大切な人、両親、知人、友人、または自分に宛《あ》て、熊野に来て思ったことを一言、二言、手紙に書いて出してもらいたいのです。

熊野神社は全国に約四千社あります。それぞれ三山から御魂が分かれています。本宮さんから御魂が分かれている熊野神社が、愛知県にあります。最初にポストを作ったのは、そこの熊野神社なのです。現在、企業が厳しい状況に置かれていることから、地場産業を見直そうということになりました。その熊野神社がある一色町は、お茶の生産が日本一だということで抹茶色のポストを作ってはどうかということになりました。

ところで、色を二十色、三十色と混ぜたら何色になりますか。黒色になりますよね。さまざまな色が組み合わさってできた黒色は、原点の色です。熊野も原点として、さまざまなことを問い直す立場にあります。原点を見つめ直すには、黒色がいいんじゃないのと話したら、ポストの色も黒になりました。本宮が本宮たる所以は、人々をつないで次の時代に何かを伝えていく土壌を作ることだと思っています。郵便局も和歌山県も黒色のポストを了解してくれたので、本宮には黒色のポストが設置されました。御年輩の方にも、「孫や子供たちに字をかくことは大事だと教えられるし、熊野にきてそれを感じたということが何よりだ」と仰って頂きました。

本宮大社の役割

左の写真はお札です。杉の間伐材を使っています。山で眠っている木をもう一度再生させて、お札を調整することで、これを手に取った人に何かを感じてもらいたいと思っています。「私たちは自然の中で生かされているなあ」、「自分たちは小さな存在だなあ」ということを感じてもらおうと、七年前から始めました。

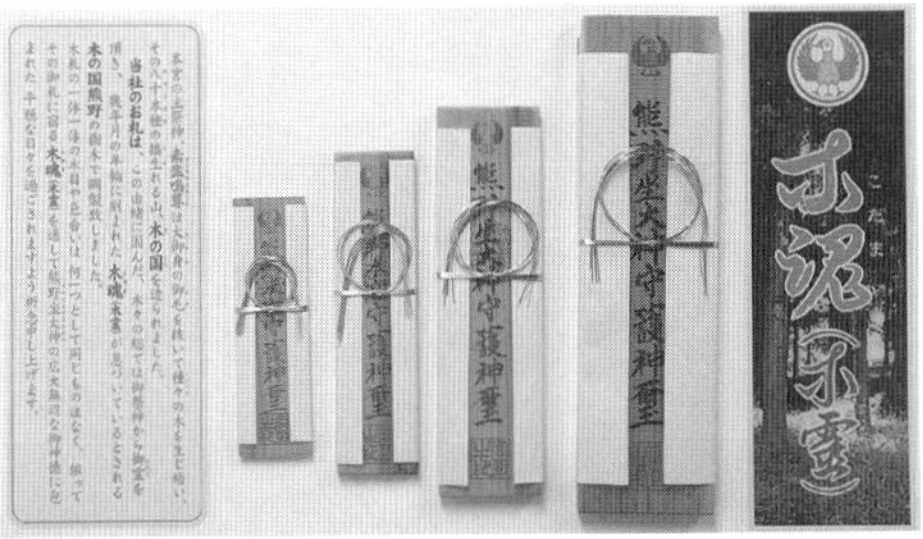

熊野本宮大社のお札

御札の名前は「木魂《こだま》」と名付けました。若い世代の人に分かりやすく表現していかないといけません。鳥居の意味とか、なぜ参道は長いのかとか、なぜ手水をするのか、なぜ二礼二拍手一礼するのか、実はどれにも大事な意味がこめられています。若い人々に分かりやすい表現で伝えるという活動を、私たちは心がけていく必要があるだろうと思います。

テレビのニュースで、今年一年間で印象に残った文字を清水寺で管主が一文字書きますね。お寺の年納めのように神社からも一年がこうあって欲しいという願いの一文字があってもいいだろうと考えました。

明治神宮でも伊勢神宮でもやっていませんが、本宮だからこそできるだろうと、「笑」という字を畳三、四畳ぐらいの大きさで書きました。今年は「笑い」、「微笑」、「笑いかける」ということを考えてもらいたいと思います。

皆さんはいろいろな思いを抱いて熊野に来られますが、神仏に抱かれるこの場所で、自分自身を高めていくことが必要です。そこでは笑いや微笑ということも大事になってきます。日本は今こういう時代ですから、人々は声を上げて自分たちの国を守り、自分たちの生命、財産、子孫を守らなければなりません。

熊野を訪れたときは、少しでも歴史を振り返りながら考えてみる。そういう意味で、これからの生き方を示し、その一歩を踏み出す場所が熊野ではないかと思っております。熊野にお越しの際は、本宮にもぜひお越し頂き、熊野の風、土の匂い、鳥の鳴き声を感じて頂きたい。そしてご自身の故郷を思い出し、生きる喜びを感じ、この場からまた出発《たびだち》という意識をもって頂ければと強く願います。

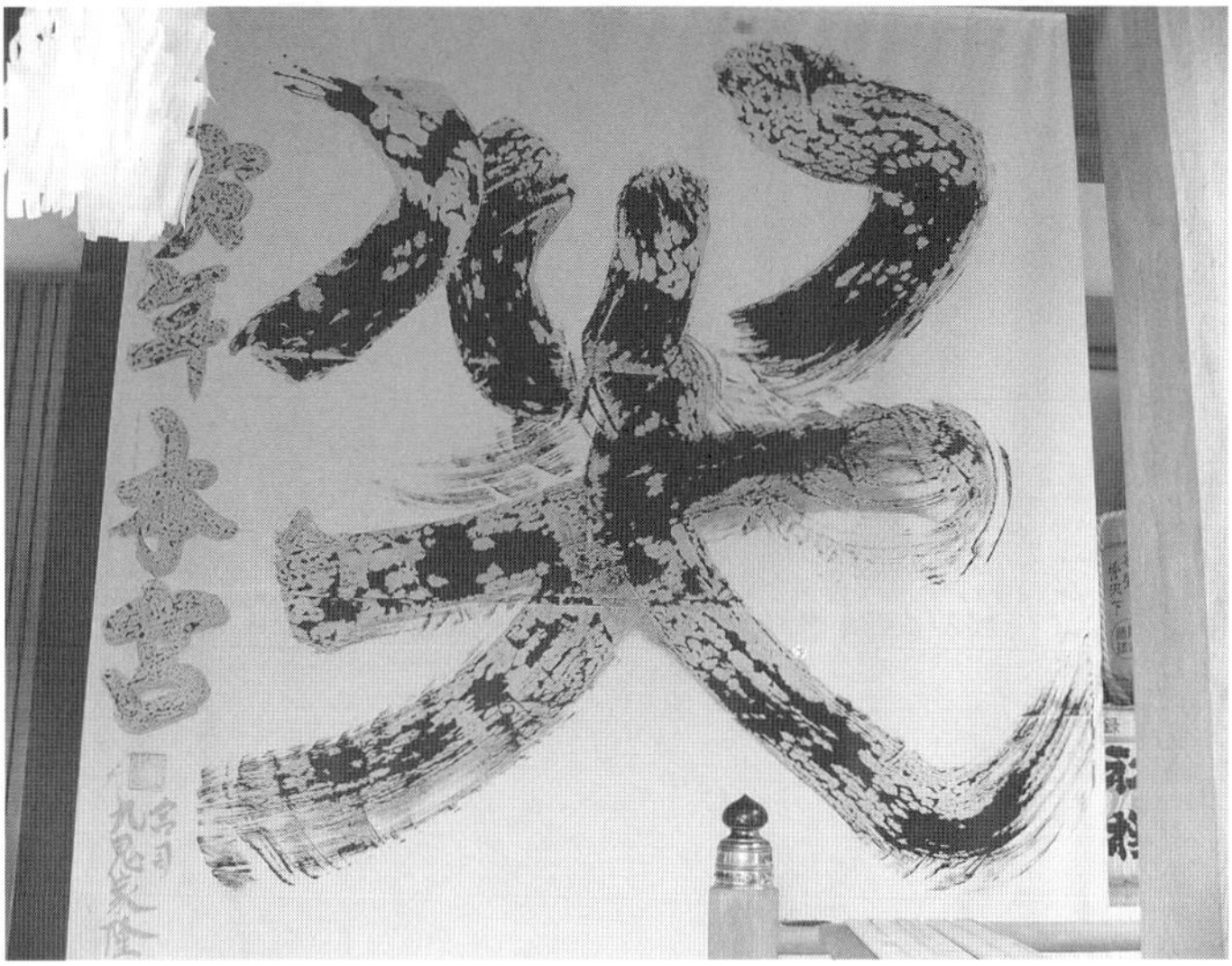

宮司が平成 22 年の年末に書いた文字

世界遺産　熊野を絵解く

山本殖生

霊場・熊野三山

熊野三山には本宮、新宮（速玉《はやたま》）、那智という三つの神社があります。この三社は、明治になるまでは神仏習合で祀られていましたから、神社もお寺も一体となって運営されていました。はじめに、世界遺産になったこの社寺のルーツを少しだけお話しておきたいと思います。

本宮は、熊野川の中州にお祀りされていました。熊野川は日本一の瞬間流量を誇る川ですので、洪水にあっても仕方がないところに本宮大社は祀られていました。「大斎原《おおゆのはら》」というところです。「斎藤さん」の「斎」の字を書きますが、古くはお湯の「湯」と書いていました。水の霊が斎《いつ》く聖地という意味です。

新宮は熊野川の河口にあります。ここは速玉大神が主神です。熊野川は水の勢いが強く、これを神様の仕業だと思い、祀ってきたのだと思います。熊野川の真ん中に川中島の御船島がありまます。この島を神様が赤い船に乗ってぐるぐると三回廻るというお祭が行われます。この川は神様が泊まる島、あるいは神様が行き来する島だと考えられてきました。まさに熊野川を神様と崇めて祀ってきたのが、そのお祭の始まりだと思います。

新宮の少し南には、神倉山という神様が降り立つ山があります。ゴトビキ岩という大きな岩があり、そこに神様が降りたといいます。その霊石が祀られています。

那智大社は、日本一の那智大滝を御神体、神様として祀っています。高さは百三十三メートルです。三という数に関係があるようで、三筋の滝、三国一の滝といわれております。滝の幅は十三メートル。二の滝、三の滝までありますが、たぶんこれは三十三観音信仰にひっかけて、三という数字になっているのではないかと思います。高さ百三十三メートルというのは本当に正確なのか、一度測ってみたいと思います。

那智大社の隣には、神仏習合を今に伝えている青岸渡寺があります。不思議なことに、インドから来た裸形上人《らぎょうしょうにん》というお坊さんが、那智大滝で観音様を発見して、それを祀ってきたということになっています。西国札所の第一番としても有名です。平安時代からすでに第一番になっていますが、熊野信仰と共に観音信仰も発展してきたということです。

日本一の那智大滝は、日本一の修行道場でもあります。多くの人がここで修行しました。修行した人は、不思議な体験をしています。滝に打たれて修行をしていたら、滝の水が逆さまに流れたという話があります。嘘だと思われるかもしれませんが、皆さんも、そんな体験をされたことはないでしょうか。ちょっとした錯覚です。水は上からずっと落ちています。それがある時、時間が止まったようになって、逆流したような感覚に陥るのだと思います。

那智には原始林がありまして、これは熊野を代表する照葉樹林の森です。那智の滝の水を育んでいる見事な森です。

補陀洛山寺《ふだらくさんじ》というお寺があります。南の海の彼方には、観音様がいらっしゃるといいます。ここから小さな船で乗り出していった人たちがいました。那智の滝で三年間修行してから出帆します。行けば、観音様の世界で生きることができる。これは、見方によれば最高の死に方です。捨身行《しゃしんぎょう》といいまして、熊野で何人もの方が船で浄土を目指しました。魂は甦ると信じられていたからです。

熊野比丘尼と伊勢の関係

比丘尼《びくに》さんとお伊勢さんとの関係を、紐解《ひも》いてみたいと思います。実は、佐渡の国にも熊野比丘尼が大勢いました。面白いことに、織田信長が本能寺の変で殺されますが、娘だけは熊野へ逃れ、出家して比丘尼になり、佐渡へ渡ったといわれています。嘘か真かは分かりませんが、そういう伝承があります。佐渡は金山で栄えたところです。遊郭もありました。その比丘尼が遊郭を開いたといわれています。

そこのお寺の宗門人別帳を調べますと、熊野比丘尼が三十人いる中で、なんと伊勢出身者が十五人もいたのです。このことから、伊勢から来て、熊野比丘尼になろうとした人が多かったということが分かります。それから、新宮の神倉神社にも比丘尼がたくさんいました。そこの宗門改帳を見ますと、やはり伊勢の国から来た人が五人もいたということで、伊勢と新宮のつながりは深いといわれています。

ところで、伊勢の慶光院さんをご存じでしょうか。お伊勢さんの勧進元になったお寺です。神宮や宇治橋を建て替えるために、お金を集める役目を持っていました。尼寺です。実は慶光院さんを中興した人に、熊野からやってきた人がいた、ということが分かっております。戦国時代の初代守悦《しゅえつ》上人《しょうにん》、二代の智珪《ちけい》上人、三代の清順《せいじゅん》上人さんは熊野比丘尼で、慶光院の院主になっています。

伊勢山田の比丘尼が熊野へ毎年お参りしていた、ということが史料にも出てきます。遊郭で有名な古市《ふるいち》にも、比丘尼が大勢いたそうです。山田の比丘尼は、岡本町のあたりに本陣を構え、子どもの比丘尼の手を連れて米や麦の施しを受けたそうです。また、毎年一度、熊野山へ参詣し、熊野牛王《ごおう》のお札をいただいたとの記述もあります。つまり、伊勢の比丘尼さんが、熊野へ毎年お参りをする状況があったということです。

また、熊野比丘尼は『熊野観心十界図』を、絵解きして勧進を行いました。この地獄極楽図というのは、全国で六十本近く出てきています。そのうち十三本が伊勢の国から出てきているということが分かっています。しかし、熊野からは一つしかありません。不思議な現象です。はっきりしたことは分かりませんが、伊勢の比丘尼と熊野の比丘尼の間に何らかの連携があったのだと思います。巡礼してくる人は、まず伊勢へ参拝してから熊野へ来るわけですから、伊勢で熊野比丘尼が熊野へ誘ったということは想定できます。これは、まだ憶測の域を出てませんから、これからの課題ではないかと思います。

補陀落寺から那智山に向う

熊野比丘尼は、熊野三山の修復資金を集めるため、絵解き勧進を行いました。その絵が《熊野観心十界図》と《那智参詣曼荼羅図》です。ここでは聖地絵図《那智参詣曼荼羅図》を絵解きしてみましょう。

一六六〜一六七頁が《那智参詣曼荼羅図》です。熊野那智の素晴らしい理想の世界をここに表現しています。深い那智の御山があります。日本一の那智大滝が落ちて那智川（図 右端上）となり、那智湾に注いでいます。そこには、たくさんのお宮やお寺が建てられています。そして、そこにお参りするために、大勢の人たちが一生懸命に道を歩いています。

この絵はここから始まっています。

「日本第一」と書かれた大きな鳥居（図 右下中央）があります。その後ろにあるのが補陀落《ふだらく》渡海上人の拠点となったお寺、補陀落寺（江戸時代の表記は上記のとおり補陀落寺ですが、現代の表記は補陀洛山寺）です。千手観音を祀っています。その右手が熊野九十九王子の一つ、浜の宮王子です。今まさに鳥居の前では、補陀落渡海（図 右下鳥居下）が行われようとしています。その下に見えるのが補陀落渡海船です。南の海の彼方にあるという理想の世界。そこに向かって、こんな小さな船で乗り出して行きました。扉一つない船です。「南無阿弥陀仏」と書かれた帆掛け舟。四方には鳥居がちゃんと立っています。昔の人は肉体は滅びても、魂は観音様の世界へ行くことができると信じていたのです。

補陀落渡海をしようとしているのは、誰でしょうか。鳥居の右下に三人の赤い八《や》咫《た》烏帽《がらすぼう》をかぶった人たちが立っています。平維盛《たいらのこれもり》一行です。真ん中が維盛、左が兵衛入道重景《ひょうえにゅうどうしげかげ》、小さい人物が石童丸です。平家物語の有名な場面です。

船の行き先には、四つの島が浮かんでいます。松の木が生えているのが山成島。平維盛が入水をした場所です。その手前が綱切島。補陀落渡海船をそこまで引っ張っていき、綱を切った島です。そしてその手前が帆立島。渡海船の帆をあげる時の目印の島です。もう一つの島が金《こん》光坊島《こぶとう》です。昔、金光坊《こんこうぼう》というお坊さんが、出航直前にドタキャンをしました。しかしそんなことは許さんとなって、この島の上で殺されたということです。

この補陀落寺から那智山へ向かって登って行きます。二つの橋（図 左下）を渡りながら、那智山を目指すわけです。途中には関所もあります。まずは二ノ瀬橋。川では人が禊をしています。

《那智参詣曼荼羅図》 補陀洛山寺本 那智山青岸渡寺蔵

上がってきた人にお祓いをしているのが、熊野比丘尼です。橋の上には、熊野詣の白装束の夫婦がいて、先達に導かれています。これが、熊野詣の基本的なスタイルです。白装束で夫婦仲良くお参りをする。それが大事なのです。橋の手前の小さな祠《ほこら》は、九十九王子《くじゅうくおうじ》の一つ、市野々《いちのの》王子《おうじ》です。

橋の手前で高貴な女性が桜を見ています。これは誰でしょうか。和泉式部です。和泉式部は熊野詣をしようとしましたが、月の障《さわ》りになりました。その時に熊野の神様が出てきて、「もろともに　塵にまじわる神なれば　月の障りもなにかくるしき」とお詠みになり、お参りすることを許してもらったそうです。なんと和泉式部は、八十歳まで月の障りがあり、恋多き女性であったとの伝説があります。そのような女性でも、熊野詣ができる。そのヒロインとして、ここに登場しているわけです。

那智川の河口（図　左下）には俵船が浮んでいます。熊野比丘尼の仕事は、全国各地からお米とお金を集めることです。これが二つ目の橋の振ヶ瀬橋《ふりがせ》。ここから上が神域《かみ》、手前が俗世界となります。その二つの世界を振り分けているので、振ヶ瀬橋といいます。左手にいる西国巡礼の人々は、今、お酒を飲みながら、勝浦のまぐろを食べているのかもしれません。

この振ヶ瀬橋の右手には、龍が出現しています。那智大滝には龍が棲んでいるのです。水や雲を支配する龍を崇める、龍神信仰があります。龍と対面しているのが、花山《かざん》法皇です。法皇は、三年間、那智の滝で修行しました。その時、龍神が現れて、法皇は珠と念珠と九つの穴があいたアワビをいただいたそうです。そのアワビを那智の滝つぼに沈めました。だから、日本一の那智大滝の水を飲むと、延命長寿間違いなしと信じられていました。

そして次に見えるのが、有名な那智の大門坂。大きな門があって、仁王様が祀られています。長さ六町（六百五十四メートル）。世界遺産にもなった参道のひとつです。そして途中にある小さな祠。これが最後の九十九王子、多富気《とふげ》王子《おうじ》です。途中に関所もあります。十一文関です。白装束の夫婦が先達に導かれて一生懸命登って行きます。ここから道は二手に分かれます。横に行くと、法燈国師が座禅を組んで、大滝に向かって、ここが本当の補陀落世界だというふうに感じて、滝禅定を行った寺があります。奥之院（図　中央）というお寺です。

生命力あふれる聖なる世界

那智大滝の麓にもたくさんの建物が立ち並んでいます。途中には、金経門《きんけいもん》鉄塔があります。平安時代から高貴な人がたくさんお経を書いて埋めた場所です。日本一の那智大滝は高さ百三十三メートルあり、三国一の滝、三筋の滝といわれています。滝の幅は十三メートル。上には二の滝、三の滝もあります。素晴らしい日本一の修行道場となりました。

右手にあるのが、花山法皇がお籠りをした円城寺です。そしてこれが本地仏を祀る千手堂で、瓦葺きとなっています。右手が拝殿で、手前には、那智の滝で千日間修行するお坊さんたちが禊《みそぎ》をしています。行水とはわけが違います。そして那智の滝で修行する人たちが有名な文覚上人《もんがくしょうにん》という方が見えますが、荒行をしたことで有名です。しかし、冬の寒い時に滝行していて凍え死にしそうになり、流されてしまいました。その時に不動明王のお使いの矜羯羅童子《こんがらどうじ》、制多迦童子《せいたかどうじ》が現れ、救ってくれました。弱々しい老人のように見えます。

滝の下の橋上で千日間修行するお坊さんたちが八咫烏帽を被り、なにやら紙を広げています。これが熊野のお守り札、熊野牛王宝印《くまのごおうほういん》です。その左手には、拝殿を突き抜けた杉の木が描かれています。生貫杉《おいぬきすぎ》です。那智大滝の水の生命力が天に向かって伸びている、その証なのです。そして中門を通って、本社の方へ登って行くと、三重の塔（図 右上）が見えます。大工さんたちの仕事始めの様子が描かれています。熊野比丘尼は全国から浄財を集めて、お宮や寺を建て替えるのが仕事でした。

那智大滝は真北から真南に向かって落ちています。その左手の鳥居の下には、ネズミが描かれています。子《ね》は北の方向を指します。ここは那智大滝の遥拝所でもあります。さらに立派な社殿が立ち並ぶ那智の本社の様子が描かれていますが、中心になるのは、正面の五つの社殿です。そこには熊野三山の神々がお祀りされています。しかし、那智の場合は一番右手少し奥に建てられているのが滝宮です。那智は那智大滝を地主神、鎮守様としてお祀りしています。その左手が本宮の神様で、またその左が新宮の神様です。さらにその左が那智の神様を祀る西御前《にしのごぜん》。夫須美大神《ふすみのおおかみ》を祀る中心の神殿です。本地仏は千手観音です。そして一番左が若宮。天照大御神をお祀りしています。那智は狭いので、その他の神々、八社殿は屈曲した形でお祀りされています。

これが大勢の人がお参りしている御本社（図 左上中央）の様子で、八咫烏が描かれています。この烏は二本足です。お坊さんの後ろにある石は烏石《からすいし》で、神武天皇を道案内した八咫烏がここで石となって忽然《こつぜん》と消えたという話が伝わっています。

熊野比丘尼の元締めのお寺が御前庵主です。那智の本社のすぐ前にあるから御前庵主といいます。その右手が那智の拝殿ですが、ここでお坊さんたちがお経を読んでいます。神仏習合なのがよく分かります。これが瓦葺きの如意輪堂で、現在の青岸渡寺です。西国観音巡礼第一番の札所で、秘仏の如意輪観音が祀られているので、人々がしきりと覗き込んでいます。

いよいよ白装束の夫婦（図 左端上）が、厳しい妙法山に登って行きます。行きつく先にはお墓が描かれていますが、よく見ると先達だけが残って、白装束の夫婦が忽然と消えています。というように亡くなった夫婦の熊野詣だったというわけです。

熊野は死んだ人の魂が帰って行く入口で、山中他界の霊場なのです。また海の彼方にある観音の補陀落浄土の入り口でもあります。中央には奥之院があり、ここは那智山住民のお葬式の寺です。左上からこの中央の奥之院を通って右下にラインを引くとすると仏の世界で、怖い死の世界となります。しかし、反対の那智大滝から那智川に沿ってラインを引くとすると、那智の滝の水が育んだ、生命力にあふれる聖なる世界となります。

この絵は、死の世界と聖なる世界が融け合った、熊野らしい素晴らしい曼荼羅図なのです。そんなありがたい熊野の神様・仏様とぜひとも縁を結んでいただきたいと思います。

参考文献

『熊野権現』和田萃編（筑摩書房）
『補陀落渡海史』根井浄（法蔵館）
『熊野比丘尼を絵解く』根井浄・山本殖生（法蔵館）
「国学院雑誌　那智権現曼荼羅の絵解き」篠原四郎
「思想　熊野那智参詣曼荼羅を読む」黒田日出男
「日本宗教文化史研究　那智参詣曼荼羅考」大高康正
「熊野歴史研究　那智山古絵図の世界」山本殖生
「熊野歴史研究　那智参詣曼荼羅の物語図像」山本殖生

熊野の修験道を語る

高木亮英

修験道の世界―修行と法流

修験道と申しますのは、山中に分け入り山の霊気霊験を頂き、修行得験、修行実証することです。超能力と言いますか、山のパワーを頂くことです。山の霊気・霊験の力を通して人々を御救いしようというのが修験道の本義です。

山に入ってどういうことをするかと申しますと、十界の修行を行います。十界とは地獄《じごく》・餓鬼《がき》・畜生《ちくしょう》・修羅《しゅら》・人間《にんげん》・天人《てんにん》・声聞《しょうもん》・縁覚《えんかく》・菩薩《ぼさつ》・仏《ほとけ》の行です。大自然の中に分け入って、十のプロセスを経て仏に生まれ変わる。我々は無力ですが、大自然の力を頂いて山に分け入り、一度は死に、そして山から修行を終えて再び生まれ変わるという擬死再生の修行なのです。

これは物理的に死ぬことではありません。宗教、信仰というのは心の世界、精神的な世界なのです。心の中で一度死んでから仏となって生まれ変わり、我々の世界へ再び戻るという再生の儀礼が行われます。

修験道では、菩薩の行を六波羅蜜《ろくはらみつ》と言います。六波羅蜜とは、布施《ふせ》・持戒《じかい》・忍辱《にんじょく》・精進《しょうじん》・禅定《ぜんじょう》・智慧《ちえ》のことです。

布施とは、人にものを与えること（財施《ざいせ》）で、人に財物を施すとか金品を与えることだけでなく、お坊さんが人々の為になる御説教をするのも布施（法施《ほせ》）と言います。財物、金品等を与えることができなくとも、また御説教をする力が無くともよいのです。ただ周囲の人々に対して、笑顔一つでもよろしいし、励ましの言葉一つでもよろしいのです。それを「無畏施《むいせ》」と言いますが、そういう力を布施というのです。

「持戒」は、経験豊かな方々を先達としまして、集団を組んで峰中に入ります。先達の指示・命令に従い、戒め、ルールを守って行脚することが持戒です。

「忍辱」は、耐え忍ぶことです。峰中に入ると水も無く、灼熱地獄とでもいうような中を進むわけですが、そうしたことに対する忍耐の力を養うことです。

「精進」は、修行に対しての努力を通し、共に励むことです。

「禅定」は、大自然の中に分け入って自己を見つめ、反省し、悔い改めることです。

「智慧」は、理論理屈でなく、我々の山林抖擻《とうそう》を通して体験、実践から得たものです。つまり、修験道は六波羅蜜、菩薩の行を修行することです。

修験道は役小角《えんのおづの》（役行者《えんのぎょうじゃ》）、神変大菩薩によって始められたと言われています。日本には修験道以前に自然崇拝信仰がありました。山に対する畏敬の念、また感謝の念がありました。人は米を作ったり、食べ物を作ったりします。種を蒔《ま》き、苗を植えたりして自然、山からの恵みを頂き、山からの水を頂いて食物を育む。そうして、収穫を終えれば、祭りを行う。

山や自然の恵みに対する感謝の念、あるいは山の厳しさに対する畏敬の念のような自然崇拝の信仰というものがありました。奈良時代に役小角がその山に分け入って、修行するようになりました。やがて平安・鎌倉・室町時代になると、修験者たちが集団を組織していき、大きく本山派と当山派の二つに分かれました。

修験道の「道」とは、方法、集団を示す言葉です。本山派は天台系の修験道で、滋賀県大津市の園城寺に関係があります。このお寺は、智証大師（円珍）を開祖とし、天台系の修験道本山派の集団が組織されました。熊野修験道もこの系統であります。後に寛治四（一〇九〇）年増誉《ぞうよ》が京都に聖護院という寺を建立し、天台系の修験道の総本山として、平安鎌倉・室町時代から本山派修験道を仕切るようになりました。

一方、当山派は真言系の修験道、京都市山科にある醍醐寺三宝院に関係があります。この寺は聖宝理源大師を開祖とし、真言系の修験道当山派の集団が組織され、真言系修験教団の総本山として今日に至っています。また、各地にも独自の修験集団が組織され、今も存続しています。

修験道の法衣と僧具（道具）について申し上げると、これは頭襟《ときん》と言って、大日如来の化身として頭に頂いているものです。私どもが身につけておりますのが、鈴懸《すずかけ》と申します。皆様の持っているのとは違って少しとがった念珠、これを最多角念珠《いらたかねんじゅう》と言って、百八の煩悩を砕破《さいは》するという意味があります。これは錫杖《しゃくじょう》、引敷《ひしき》という獣の皮で出来ています。檜扇《ひせん》、ロープを螺緒《かいのう》と言います。ほかに法螺貝《ほらがい》、八《や》ツ目《め》草鞋《わらじ》、宝剣《ほうけん》、斑蓋《はんがい》、ほうき扇《せん》、金剛杖《こんごづえ》、肩箱《かたばこ》、脚半《きゃはん》、笈《おい》など十六の道具があり、「山伏問答」の中で、それらの意味が問答形式で語られています。

熊野修験道と熊野詣のつながり

那智大滝 (一の滝) 高さ 133 m

出羽三山とか富士山もそうですが、修験道には地方独自の修験道があります。明治初（一八六八）年に、明治政府によって神仏分離令廃仏毀釈《はいぶつきしゃく》が行われました。その延長線上で、明治五（一八七二）年に修験道廃止令というお触れがでました。修験道の活動は一切罷《まか》りならんということで、その活動は途絶えてしまいました。その結果、私どもの熊野修験道も姿を消していくことになります。しかし、昭和六十三（一九八八）年に熊野の修験道は復興を果たしました。

熊野修験道とは、熊野信仰によって立つところの修験道のことです。

熊野信仰とは、熊野三山、本宮・新宮・那智に対する信仰であり、熊野の類い希なる大自然に神が鎮まり、仏が祀られているという信仰です。平成十六（二〇〇四）年には、「紀伊山地の霊場と参詣道」として世界遺産に認定されました。

この熊野信仰の特色は、あらゆる宗教（仏教・神道・陰陽道《おんみょうどう》・宿曜道《しゅくようどう》・修験道等）が複合、融合し形成されている山岳信仰であります。熊野信仰のもう一つの特色として、非常に開放的、オープンなことです。ご承知の通り、昔は聖地、霊場は女人禁制となっており、比叡山、高野山等では女性は入山することが許されませんでした。

しかし、この熊野は「浄・不浄を嫌わず」といって、貴族、武士、庶民を問わず女性も参詣ができ、「蟻の熊野詣」と呼ばれたように、全国各地から多くの人々が列をなして参詣しました。

宇多上皇に始まり、花山法皇一回、白河上皇十二回、鳥羽上皇二十三回、崇徳上皇一回、後白河法皇三十四回、後鳥羽上皇二十九回、後嵯峨上皇二回、亀山上皇一回と、延喜七（九〇七）年から弘安四（一二八一）年まで、三百七十四年間、百数回にわたって熊野御幸が行われ、多くの女院、貴族も付き従っていました。

この熊野御幸の道案内先達を務めたのが熊野修験者、山伏でした。鎌倉時代、貴族政権から武家政権へと変わる中で、貴族の参詣は次第に少なくなっていきますが、それに代わって武士や庶民などが熊野詣をするようになりました。

熊野修験順峰奥駈

何故、人々は熊野詣をしたのか。熊野に参詣しますと、現在・未来にかけての御利益、現当《げんとう》二世《にせ》安楽《あんらく》、安穏《あんのん》がいただけると信じ、遠くから多くの人々が参詣しました。昔のことですから、草鞋《わらじ》をはき、一歩一歩進んで行きました。その様子を「蟻の熊野詣」と呼びました。

何故そうした熊野詣ができたかと申しますと、そこには熊野修験者、山伏がいたからです。

熊野修験者、山伏は七、八百年前から旅行業的なことをしていたのです。参詣者を檀那《だんな》、案内役の熊野修験者、山伏を先達《せんだつ》、宿坊の世話をする者を御師《おし》と言い、御師、先達、檀那という師檀関係が成立しておりました。願文《がんもん》と称し檀那、参詣者の姓名、出身地などが書き記された札を先達が携え、熊野に到着すると、宿坊に提示し、加持、祈祷、宿泊等を依頼し、いくらかの手数料を得ていました。まさしく現代の旅行業者が携えているクーポン券に相当する役割があったわけで、いわば旅行業のルーツでした。

武家政権になると、平家や源氏、北条や足利、戦国時代には今川、武田、徳川等が熊野三山に帰依しており、私どもの寺も天正十八（一五九〇）年に豊臣秀吉によって再建されました。徳川政権になっても、八代徳川吉宗は三千両を熊野三山に寄進し、堂宇《どうう》、社殿を修理しました。その寄進料を資本に熊野三山貸付業は、今日の銀行業の走りのようなことを始めました。また、富籤《とみくじ》といってジャンボ宝くじのようなものを売り出し、堂宇《どうう》、社殿の修理、維持管理に充てていました。

熊野信仰のもう一つの特色としては、非常に広域性を持っていたことです。皆様ご承知のように、新宿区の中央公園の一角にも熊野十二社という神社がありますが、室町時代に勧請《かんじょう》されたものでは、板橋区の熊野神社があります。北区王子町は、王子製紙発祥の地でありますが、王子というのは熊野権現王子のことです。このように、熊野神社は全国に三千余社の熊野権現を勧請され、熊野に直接参詣できない人々のために、全国に熊野信仰のネットワークをつくりました。これも熊野修験者である山伏が介在し、勧請したものであります。

この熊野修験者、山伏は、熊野三山それぞれに存在しておりました。本宮家津美御子大神本地阿弥陀如来証誠殿を中心とした長床衆。新宮速玉大神本地薬師如来。毎年二月六日、御燈祭《おとうまつり》と言って、神倉神社（元宮）から松明をかざして下に向かう神事があります。その神倉を中心とした神倉聖という修験者。那智夫須美大神本地観世音菩薩には、那智大滝はじめ四十八滝を修行場とする那智滝衆という修験者、山伏が存在しておりました。それらを総じて、熊野修験道と申します。その修験者が全国に散らばって、熊野信仰を広め、伝播しました。

熊野修験者の修行

那智四十八滝回峰行

私どもの熊野修験道の修行ですが、熊野大峰奥駈《おくがけ》と言って、熊野那智山から桜で有名な奈良県吉野山まで、大峰七十五靡《なびき》を歩く山林抖擻《とうそう》がありま す。これは春峰入り、秋峰入りと春秋分けて大峰七十五ヶ所以上の行所を草露かき分け、拝みながら行うものであります。大峰山中では、近畿地方で最も高い八経岳（千九百十五メートル）の頂を越えて進みます。

昭和六十三（一九八八）年に始めたときは、わずか三人でした。それが今は、多いときには二百人以上もの人々が参加され、時には外国の方々、アメリカ、カナダ、イギリス、フランス、イタリア、韓国からも参加されます。これは、平成十六（二〇〇四）年に世界遺産「紀伊山地の霊場と参詣道」として認定された影響も多分にあるかと思います。

熊野大峰奥駈行には、順峰《じゅんぽう》と言って、熊野から大峰、吉野へ、胎蔵界の世界から金剛界の世界へ向かう順の峰入り（順峰）、従因至果《じゅういんしか》、があり、逆《ぎゃく》峰《ほう》と言って、吉野大峰から熊野へ金剛界の世界から胎蔵界の世界へ向かう逆の峰入り（逆峰）、従果向因《じゅうかこういん》とがあります。

葛城《かつらぎ》二十八宿《しゅく》行は、和歌山県と徳島県との間、紀淡海峡に友ヶ島という島がありますが、そこを第一番の行所として、大阪府柏原市亀の瀬に至る行所の妙法蓮華経二十八巻を納めた経塚を巡る行です。高い山はありませんが、熊野大峰奥駈行より長い距離であり、熊野大峰奥駈行は密教の修行であるのに対し、葛城二十八宿行は顕教《けんきょう》の修行と言われ、役行者が最初に修行された所とも言われています。

那智四十八滝回峰行は、那智の御山に落差百三十三メートル、日本一の名瀑《ばく》那智大滝がありますす。その奥に二の滝、三の滝と続く那智四十八滝が、四つ谷（本谷・東の谷・西の谷・新客谷）に点在し、一月、小寒から大寒にかけて四十八滝を巡る那智四十八滝回峰行があります。この修行は一月、雪や氷が張り付く厳寒に行われる修行で非常に厳しい修行であります。

私も二十数年やっていますが、最初は二十分ぐらい滝に浸かっておりましたが、長い時は四十五分も浸かる場合もあります。どういう状態かと申しますと、生身の人間ですから最初は冷たいと感じますが、それを過ぎると痛くなってきます。それを通り越すと、もう無感覚と申しますか、水が身体の中を流れるがごとく、なにも感じない状態になります。

その間、一心不乱に不動明王の御真言を唱えて肩まで浸かるわけですが、水から上がると手足がかじかんで動きません。元に戻るのに四、五十分ほどかかります。そういう風に自然と一体になり、霊気・霊験を頂く中で、那智四十八滝回峰を二十数年間続けています。私たち熊野の信仰に携わる者は、昔熊野で修行された修験者のお力によってこうして生かされているのです。全国各地から熊野に人々を案内、導いてくれたおかげで、熊野信仰というものは息づいているのです。私たちは、そうした熊野修験者に対する感謝の念、御恩の念を以て修行しているのです。

水行

東京と埼玉の境に雲取山があります。あれは実は熊野修験者が名付けた山です。私どもの近くにも世界遺産になっている大雲取山、小雲取山があり、地元の山にちなんで名付けたものであります。こうした身近な所にも、熊野信仰が広がっているのです。出羽三山の信仰が衰えたとき、熊野の修験者が出羽三山の信仰を復活させ、日光山でも熊野の修験者、弁覚が復興しましたし、石鎚山《いしづちさん》でも熊野の修験者が活躍しています。

このように熊野の修験者の偉大さが影響を及ぼしているのです。こうした先人の尽力があってこそ、我々も先人の労苦への感謝の念を以て、全国各地の諸国霊山二百余山を登拝させて頂いています。

「熊野御垂跡縁起」によりますと、熊野権現はインドから渡ってこられました。インドのマガダ国（当時お釈迦さまが活躍されていた所）や中国の天台山といったルートを経て、熊野本宮に降りたたれたと言い伝えられています。そして、御礼参りとして熊野権現の発祥地であり、那智山青岸渡寺の開山裸形上人由縁の地であるインドのマガダ国の大地に那智大瀧の水を注ぎ、感謝の思いを示し、中国の天台山にも巡礼し、那智大瀧の水を捧げました。

平安時代、最澄、空海らは国の安泰、鎮護国家を願い、山林修行をされました。今日、熊野修験道では天下太平、世界の平和、世界の人々の幸福を願い、アフリカのキリマンジャロ、アジアのインド、チベット、中国、韓国、エベレスト・カラパタール、ヨーロッパのスイス・モンブラン、北米のロッキー、ハワイ、さらには南米のブラジル、オセアニアのオーストラリアなど五大陸世界各国の聖地霊場にも熊野修験道の碑伝（木札）を納めています。

熊野修験道が目指すもの

我々は、修験道の活動を通して、山林抖擻で山を歩くわけですが、いろいろな煩悩、自分さえよければいいという自己への執着の山、欲望の山もあるかと思います。皆様におきましても、日々、さまざまな悩み、苦しみがあるかと思います。それは人間の煩悩から生じているものです。親が子どもの命を奪ったり、逆に子どもが親の命を奪ったり、あるいは何の罪もない人の命をいとも簡単に奪う。私たちの修行ばかりが、修行というのではありません。皆様も、日頃もっと厳しい修行をしているかと思います。修行とは己に降りかかった困難に打ち勝ち、一歩一歩乗り越えていくということですから、一生が修行なのです。

そうした中で、修験者の修行、菩薩の行、六波羅蜜とは、施しの心（布施）と決まりを守る心（持戒）、辛くとも努力をする心（精進）、困難に耐え忍ぶ心（忍辱）、自己を見つめ反省する心（禅定）、理論理屈でなく、体験、実践を通して物事を考え、実行していく心（智慧）を、山林抖擻を通して実践することです。皆様は煩悩の山で、山林抖擻をなさっているのではないかと思います。

そうであれば、熊野修験道の修行の中からも、皆様は学び得ることがあるのではないでしょうか。修験道の修行も、山あり、谷あり、人生の縮図のようなものです。

修験道には三つの力、加持力、功徳力、法界力があります。加持力とは、自分の精神力、功徳力とは、我々周囲の社会の人々の力、法界力とは、目に見えない神仏の力、この三つの力が重なり合い、物事が成り至るのです。修験道は大自然に分け入り、山林抖擻を通して色々な力を得て、人々を御救いすることが本義です。

熊野修験道の現代的意義は、人間本来の生きる力の再生ということです。山林抖擻を通し、菩薩の行を重ねることによって、人間本来の心、慈悲の心、人に対する思いやりの心、人に対する優しさの心をよみがえらせることができれば、それこそが我々熊野修験の目指しているところです。そういう場所が聖地・霊場熊野なのです。

参考文献

『熊野修験奥駈け同行記』坪井幸生（彩流社）

「天台学報　熊野修験再興」第四十九号　高木亮英

『古事記』と本居宣長

吉田悦之

宣長の集約する知と熊楠の拡散する知

中部国際空港《セントレア》が開港した頃の話です。中央官庁の方だったと思いますが、ある方が、これからは関西と中部の二大国際空港を結ぶ地上交通網を整備して、この線の北側に海外から観光客を招き入れ、日本人の心に触れてもらうのだと話されるのを聞きながら、少し違うのではないかと思いました。

二大国際空港を結ぶライン、その北側には、日本文化の最大の売り物である奈良、京都があるという発想だと思いますが、仮にも日本の文化を知ろうとするのなら、ラインの南側、つまり紀伊半島にこそ注目すべきではないでしょうか。ここには、確かに日本人を解く大事な鍵があります。申し上げるまでもない、それは熊野と伊勢です。

熊野は海と山の間にあり、その圧倒的な自然は闇すら呑み込む、いわば混沌でありますが、逆に伊勢は簡素で清浄で、秩序だった空間というのが一般的なイメージではないでしょうか。神々の国日本を象徴する二極が、この半島には存在するのです。

明治の頃、和歌山に南方熊楠という博物学者がいました。自然界全てに強い関心を抱く巨大な知の塊でした。彼がこんな言葉を遺しています。

宇宙万有は無尽なり。ただし人すでに心あり。心ある以上は心の能うだけの楽しみを宇宙より取る。宇宙の幾分を化しておのれの心の楽しみとす。これを智と称することかと思う。

一八九二年九月、南方熊楠はアメリカからイギリスに渡り、大英博物館での活躍というか武勇伝を残して、一九〇〇年十月に帰国します。熊楠は熊野に居を構えます。そしてこの雨が多い、豊かな生態系が息づく地で、才能を見事に花開かせるのです。熊楠という人は、熊野から切り離すことが出来ない存在です。

その熊楠が和歌山市に生まれたのは、一八六七年です。それを遡ること百三十七年前、一七三〇年、紀伊半島のちょうど反対側の伊勢国松坂で、本居宣長が誕生しました。こちらは国学者です。

宣長も若い頃に、熊楠と同じようなことを友人上柳敬基宛の書簡の中で言っています。「私の知の対象は、あなたの批判する仏教だけではない。儒学や墨子、老荘など諸子百家の学問、雑技、歌舞など俗文化、山川草木、禽獣虫魚、風雲雨雪、日月星辰に及ぶまで、宇宙に存在する全ての中から、面白いと思ったものを自信を持って楽しむのです。天地万物、全てが私の関心事なのです」と。これは、「私の学問には一切の束縛はない」という学問の自由宣言なのです。

このように止まることを知らぬ好奇心を持つ二人ですが、その学問スタイルは対照的です。『十二支考』と『古事記伝』が二人の代表作ですが、前者は拡散的であるのに対して、後者は一点集約型です。どこか熊野と伊勢との関係に似ています。

伊勢の地で神道を学ぶ

本居宣長の学問のスタートが、二十三歳の、上京してまもなくの頃に、契沖《けいちゅう》の『百人一首改観抄』を読むという体験であったことは、宣長自身の回想で明らかですが、実は大事な前史があります。先ずここからお話ししましょう。「道の学び」、これが宣長の場合は『古事記』研究ですが、その発端について次のように述べています。

さて又道の学びは、まづはじめより、神書といふすぢの物、ふるき近き、これやかれやとよみつるを、はたちばかりのほどより、わきて心ざし有しかど、とりたててわざとまなぶ事はなかりしに、京にのぼりては、わざとも学ばむと、こゝろざしはすゝみぬるを、かの契沖が歌ぶみの説になずらへて、皇国のいにしへの意をおもふに、世に神道者といふものの説おもむきは、みないたくたがへりと、はやくさとりぬれば…『玉勝間』「おのが物学びの有しやう」

先の文章で宣長は神道書を乱読したこと、京都に上ってからもチャンスがあったら神道のことも勉強したいと思っていたことが述べられています。では、図書館もない時代、神道書をどこで乱読したのでしょうか。チャンスは二回ありました。まず母の実家・村田家です。垂加神道家を出した家で、蔵書もあったことが分かっています。ただ借りられたかどうかは不明です。もう一つは、十九歳から山田（今の伊勢市）の今井田家で養子として過ごした二年間です。今井田家には申し訳ないが、宣長には「二年間の休暇」でした。裕福な木綿商の家に生まれながら、商いの筋に疎く、本を読むことだけが好きで、とうとう伊勢に養子に出されてしまいました。これから自分はどうなるのだろうという不安を抱いていた宣長。そう考えると、これもまた少年たちの漂流譚のように思われます。

では、この今井田家時代に何があったのか。実は、伊勢は式年遷宮の年に当たっていました。今井田家は、家業は紙商ですが、神宮の御師《おんし》も兼ねていました。家の場所は、外宮《げぐう》から古市《ふるいち》を通って内宮《ないぐう》に行く、その古市の入り口近くにありました。そこは外宮門前町ですが、内宮にも近い。参宮には格好の場所で、しかも御師は参宮客の案内業務でした。半ば公然と若旦那は遷宮行事を拝観できたし、勉強もできた。

宣長には、『経籍《けいせき》』という書名ばかり二千五百余を集めた帳面がありますが、その中には御師ならではの、特殊な神道書が多数挙がっています。また他の帳面類を見ても、この時期、神道書を読んでいます。つまり、宣長の神道知識は垂加もありますが、やはり伊勢仕込みなのです。当時の伊勢は、中世以来の度会《わたらい》神道が中心ですが、宣長の場合、より根源に遡りますから、神宮神道の大事なところを学んでいるのです。これがその後の思索のベースになっていきます。

例えば、「米」と「おかげ」を見てみましょう。宣長には、お米に対しての絶対的な信仰心があります。『古事記伝』には、

稲は殊に、今に至るまで万の国にすぐれて美《めでた》きは、神代より深き所由あることぞ、今の世諸人、かゝるめでたき御国に生れて、かゝるめでたき稲穂を、朝暮に賜《た》ばりながら、皇神《みたま》の恩頼《ふゆ》をば思ひ奉らで

とあります。これは宣長の持論ですが、自分の住む伊勢の国を「土こえて、稲いとよし」と賞賛しています。また宣長は、「皇神の恩頼」を言います。これは、「みたまのふゆ」と読みます。わかりやすく言うなら「おかげ」です。神のおかげ、先生や父母などたくさんの恩頼を蒙って、今の自分があるという考えです。例えば伊勢で食事をすると、その箸袋には次のような宣長の歌が記されています。

食前　静座一拝一拍手
たなつもの百《もも》の木草も天照す日の大神の恵みえてこそ（いただきます）
食後　端座一拝一拍手
朝宵に物くふごとに豊受の神の恵みを思へ世の人（ごちそうさま）

宣長のこのつぶやきは、今の伊勢でも通用します。稲の重要性は当たり前のことで、食事への感謝の念など宗教以前の原初的な心の動きと言うこともできましょう。しかし、これらが神宮祭祀の根幹にあり、それを祀る天皇の存在へとつながっていくのです。

「令誦習《よみならはしむ》」の発見

では、神宮への崇敬の念や神への感謝の気持ちが、宣長をそのまますぐに『古事記』に向かわせたのかというと、そういうわけではありません。むしろ逆です。研究を深め、ものの学びを重ねるほどに、宣長の心は鍛えられてゆきます。尊崇の念も篤《あつ》くなったでしょう。しかし、宣長の学問は信仰からの研究ではありませんでした。

宣長はなぜ研究を、つまり『古事記』を読もうという志を立てたのでしょうか。きっとそれは、日本人というものを知りたかった、知らなければならなかったからなのです。宣長には好きなものがあります。例えば、それは和歌であり、『源氏物語』であり、京都でした。逆に中国の文明に対しては、違和感がありました。

話は少しそれますが、宣長が抱いたこの中国文明への違和感についてお話ししておきましょう。宣長は十五歳の時に、『神器伝授図』という中国歴代王朝の系譜を書いています。三皇五帝から清朝までの数千年の歴史が蟻の行列のような小さな文字で、延々一〇メートルも続くのです。よくぞここまで書いたものとため息をつきながら見ていくと、何カ所も上から下に赤線が引かれていることに気づきます。この赤線は何だと思いますか。これは王朝が断絶したことを表している印なのです。

長い中国の歴史は、王朝の興亡史、易姓《えきせい》革命の歴史なのです。日本人が規範と仰ぎ、聖人の国と考えているにもかかわらず、なぜこのような革命が繰り返されるのか。一方の日本では文化は連続し、伝統は尊重されている。この単純な疑問が、宣長生涯のテーマとなっていくのです。これらの問題を自分なりに考えていくと、宣長はどうしても「日本」という存在を避けて通ることができなかったのです。

「日本」について考える方法は幾通りもありますが、歴史、つまりその発生からその後の推移を観察することは、いわば常套手段です。先ほど引いた『経籍』の最初で、宣長は「本朝三部ノ本書」として『旧事紀』、『古事記』、『日本紀』を挙げています。まず『日本書紀』は平安時代には知識階級にとって、すでに常識のようなものでした。しかし、『古事記』は顧みる人もいないのが実情でした。宣長の『古事記伝』には、次のように述べられています。

古昔より世間おしなべて、只此の書紀をのみ、人たふとび用ひて、世々の物知り人も、是にいたく心をくだきつつ、言痛きまでその神代の巻には、注釈なども多かるに、此の記をばただなほざりに、思ひ過して、心を用ひむ物としも思ひたらず

『日本書紀』だけ重視して、『古事記』を読む人はいなかったと宣長は言っています。

宣長は、京都で医術を学びましたが、二十六歳の時に『日本書紀』を購入します。その後、儒学の師である堀景山先生から、先生自ら校合を始めたものの中断している『書紀』を伝与され、おそらく自分の本と交換したのだと思いますが、その作業を引き継いでいます。その翌年には『古事記』、『先代旧事本紀』をセットで購入しました。そして、それらを比較していきます。確かに『日本書紀』の記述は精密で、しかも文章もきちんとした漢文体です。一方の『古事記』は、稗田阿礼の語りを太安万侶が書き取ったものであると言われています。だが阿礼の記憶していたのは、もとは天武天皇自身の語られたことではなかったかと、宣長は考えました。

少し解説を加えながら説明しましょう。立派な漢文つまり古代中国語ということは、翻訳です。翻訳が完璧になれば、当然言い回しや発想法もその言語圏、つまり中国のものに近づくわけです。宣長の表現を借りるなら「漢文の続き離れ難い」ということになります。宣長は言います。

意《こころ》と事《こと》と言《ことば》とは、みな相称《かな》へる物

であると。これは宣長の大変有名な言葉です。三者は連動している。一体なのです。事実も、また人の心も、言葉で形を与えられるのです。上代《かみつよ》（神々の時代）のことは「意」も「事」も「言」も上代の表現で、後世《のちのよ》のことは「意」も「事」も「言」も後世の表現で、漢国《からつよ》のことは「意」も「事」も「言」も漢国の表現で著わさなければならない。しかしながら、『書紀』は後世の意（ここでは判断基準、あるいは常識）で上代の事を書き、漢国の言（外国語）で日本の意（心）を書いていると批判します。つまり、『日本書紀』は中国の言葉を使って、奈良時代の世界観で、神々の時代のことを書いてしまったというのです。

ところが、『古事記』は違うと宣長は言います。阿礼が語るのを安万侶が苦心と工夫の末に書きとめたものですから、上手く解読すれば、古代の語りを聞くことができる、と宣長は考えたのです。賀茂真淵と会った頃の、『古事記』研究のための帳面に、次のような一節があります。ちょっと長いのですが、引用してみましょう。

シカラハ古記ノ中ニ、アヤマリナキ所々ヲエリイテテ、タ、ニ撰録セシメタマフヘキニ、ナトテカ半ニワツラハシク、阿礼ニハ誦習ハセタマフソト云疑アリナンカ、コ、ニ考ヘアリ、マヅ古記モミナ漢文也。サレハソノ書ヨリタ、ニウツシテハ、古語ニカヘサントスレトモナホ、漢文ノツヾキハナレガタキカ故ニマツ人ノ口ニウツシテ此方ノ語ニナホシ、サテ此方ノ語脈ニカヘシテトナヘ心ミテ後ニ、ソノマ、ニ記録セシメンガタメナルヘシ。コレラヲ見テ、（天武）天皇ノオボシメシタチタル本ノ大御意モ、古語ヲオモクオモホシメシシ事ヲサトルヘシ。我大御国ノ学問ノ本ツク所、コ、ニアルヲヤ

『古事記雑考』第一冊

古い記録が残っています。それを机の上で編集すれば、歴史書はできるはずであるのに、なぜ阿礼に記憶させるという面倒な方法を採用したのでしょうか。文字を持たなかった時代、人はすべて声で伝えてきました。言葉とは声です。それを翻訳して書いた記録から新しい歴史書を作っても、声の時代の真実から遠ざかってしまうので、その素材となる歴史書を翻訳前の言葉にもう一度変換して残そうと考えたのです。これがすなわち「意と事と言とは、みな相称へる」ということなのです。古《いにしえ》の声を尊重すること、ここに日本の学問の原点があると宣長は考

えたのでしょう。
それにしても、宣長の「コ、ニ考ヘアリ」という言葉はいいですね。思索を重ねた末のひらめき、それを得た歓びが伝わってくるような感じがします。宣長がこのような考えに至ったのは、『古事記』の序にある、

令誦習《よみならわしむ》

という言葉のもつ重みに気づいたからです。気づいたというより発見したと言ってよいでしょう。

令誦習とは、旧記の本をはなれて、そらに誦うかべて、其語をしばしば口なれしむるをいふなり。仰直《ただ》に書には撰録しめずして、先かく人の口に移して、つらつら、誦み習はしめ賜ふは、語《ことば》を重みしたまふが故なり

『古事記伝』二

『古事記』の究極の価値、それは七世紀後半の天武天皇の声を留《とど》めていることにある、と宣長は考えたのです。

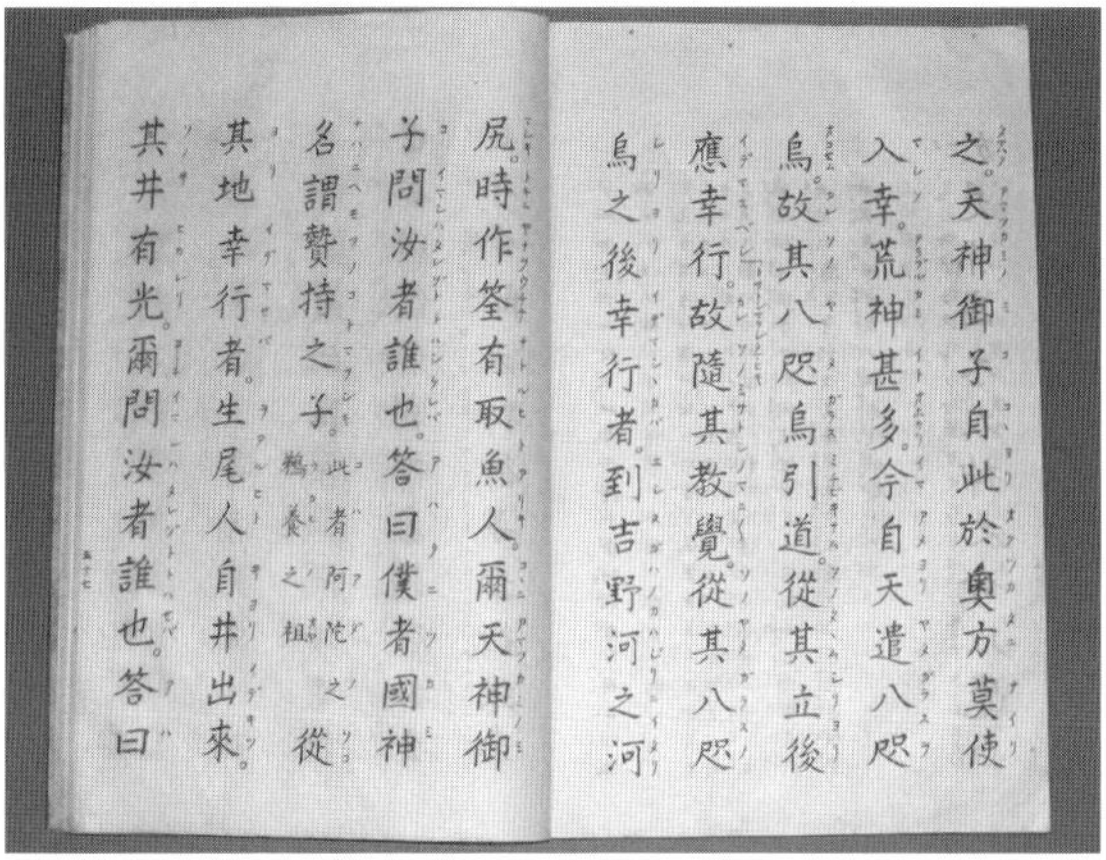
之。天神御子自此於奥方莫使
入幸。荒神甚多。今自天遣八咫
烏。故其八咫烏引道。従其立後
應幸行。故随其教覺。従其八咫
烏之後幸行者。到吉野河之河
尻。時作筌有取魚人。爾天神御
子問汝者誰也。答曰僕者國神
名謂贄持之子。此者阿陀之鵜養之祖
其地幸行者。生尾人自井出來。
其井有光。爾問汝者誰也。答曰

『古事記伝』自筆稿本

心力を尽くして

しかし、例えば『古事記』冒頭の「天地」という漢字から、果たして音声が再生できるのかというと、そう簡単なことではありません。ここから宣長の工夫と思索が開始されるのです。

契沖の『百人一首改観抄』を読んだことが学問の第一歩であったことは、先に引いた「おのが物学びの有しやう」でも、契沖の和歌注釈の方法で古代を考えていくと述べていましたが、では宣長を魅了した契沖の方法とは何か。それは、証拠を挙げて考えていくという手法です。

宣長は、『百人一首改観抄』の版本に「契沖の説は証拠なき事を言わず」と書き入れています。また、『うひ山ぶみ』にも古学とは、すべて後世の説にかゝはらず、何事も、古書によりて、その本を考へ、上代の事を、つまびらかに明らむる学問也、此学問、ちかき世に始まれり、契沖ほふし、歌書に限りてはあれど、此道すじを開きそめたり。此人をぞ、此まなびのはじめの祖《おや》ともいひつべき

とあります。宣長の契沖学発見は、秘伝や口伝、また経験則ではなく、証拠を挙げて論証する、日本古典研究における、近代の幕開けとなる重要な出来事だったのです。

ところが、宣長はその証拠主義には限界があることにやがて気づきます。新しい学問の方法が必要になりますが、それを持っていたのが賀茂真淵でした。真淵の書いた『冠辞考』を幾たびも読み、真淵に憧れ、いつか会いたいものだと考えていたら、人生はうまくいくものです。望みは叶い、三十四歳の時、参宮に来た真淵と念願の対面を果たします。有名な「松阪の一夜」の出会いです。その後、真淵の弟子となり、手紙で指導を受けるようになります。

では、真淵の方法とはどのようなものであったのか。これは大変難しいことですが、例えば、先ほどの「天地」を証拠主義で考えていくと、「アメクニ」となります。だが、言葉それぞれが持つ世界という視点から証拠を再点検すると、「アメ」に対応するのは、「ツチ」となります。それでは、証拠主義以外に何が根拠となるのでしょうか。

真淵は書簡で、「惣て自ら古体をよくよみ得、古文をかき、万葉其外古歌に通じ」ることだ

と教えます。そして、宣長にくどいほど古歌を詠めと指導するのです。古代人と同じように歌や文章が書けたら、つまり古代人の発想法を習得すれば、証拠主義の限界を突破できるというのです。なるほど、真淵の言わんとするところは分かります。

このようにして、宣長の『古事記』の研究、すなわち解読が開始されたのです。使われている一文字一文字、清濁、言葉の変化の法則までていねいに分析されていくことになります。しかし、分析だけではだめです。発想法も考え、宣長は「物のあはれを知る」ということを言い始めます。これが認識の極致と考えていました。つまり、本質が理解されてこそ、共鳴や共感が生まれるのです。読むという行為も、そこまで深めなくてはなりません。

そのためには、まず『古事記』世界を信じることが必要です。荒唐無稽だとか、何かの比喩という安易な考えは排除されます。そして、言葉の向こうに情景が思い浮ぶほど、『古事記』の舞台となった場所や登場する事物についても調べる必要があります。

このように言うのは簡単ですが、宣長は、医者をやりながら、また親戚、近所付き合いも疎《おろそ》かにせず、『源氏物語』など古典講釈を行いつつ執筆にも心血を注ぎました。時間をどうやりくりしたのか、宣長の足跡を追うほどに、私は信じがたい気持ちに陥るのです。その勤勉の秘密は彼の思考の「リズム」にある、と私は密かに考えていますが、宣長の研究態度は、とにかく「ていねい」の一語に尽きます。手抜きをしないで、納得するまで考え尽くすのです。

『古事記』版本への書き入れも、自説はもちろんですが、それ以上に、異本校合や関連記事の載る書名と丁数（頁）指示は徹底しています。そのような入念な準備の上に、正確で整った文字で稿本が書かれていきます。筆跡の変化もなければ誤字や、書き漏らしもない。まさに学問する機械と化しているのです。『うひ山ぶみ』ではこのように言っています。

己れ壮年より、数十年の間、心力を尽くして、此記の伝四十四巻をあらはして、いにしへ学びのしるべとせり

美しい字、ていねいな作業を見ると、宣長の「心力を尽くして」というのが、まことに実感のこもった言葉であることに気づきます。

女性文化発見者の悩み

真淵に入門し、研究に着手してから三十五年、六十九歳の夏、宣長は『古事記伝』第四十四巻の最終文字を書き終えます。生涯の大業を果たし、宣長は余命のあったことに深く感謝します。しかし、『古事記』の研究はまだ緒《ちょ》に就《つ》いたばかりなのです。『古事記伝』を開くと、

「名義は未だ思ひ得ず」という言葉があちこちに出てくることに気がつきます。これは、「分からない」という意味です。決して全部が解決したから書いたのではない。分からないことが判ったのだ。やっと、入口に立ったのだ、という意味です。

宣長は学問の未来を信じていました。自分には解決できないことが、いつの日か後進によって解明されることを期待しているのです。

最後に、『古事記』の中に宣長は何を見たのかということを述べておきます。『古事記』の編纂された八世紀、日本もいよいよ文字の社会となります。そのことにより価値観や世界観は大きく変わっていきます。日本という国について知ることは、この国号もなかった声の時代を考えることであり、『古事記』はその貴重な証言であったのです。声の時代に私たちの国の大事な物が成立した、と宣長は考えたのです。

声の時代の記憶は、漢字文化から阻害された女性たちに伝わりました。その文化が花開いたのが、『源氏物語』を頂点とする平安時代でした。その象徴が、女々しいと

『古事記伝』版本
「名義ハ未ダ思ヒ得ズ」

も批判される「もののあはれを知る」という感性だったのです。つまり宣長は、女性文化の価値の発見者でもあったのです。

しかしこれは、宣長にとってはどこまでも歴史上、学問の世界の話だったようで、自分の息子に対して、

とかく婦人之申候事は、了簡しどけなく候而きまりがたく候

とぼやくのです。女、この場合は奥さんですが、の言うことはよく分からぬというのです。

家長として俗世間での務めを果たしながら、学問の未来を信じ、七十二年の生涯をまっとうした宣長でしたが、男女の共存の問題は、なかなか容易でなかったようです。

参考文献

『二〇〇一年 宣長探し』吉田悦之（三重県松阪地方県民局）
『二十一世紀の本居宣長』川崎市市民ミュージアム他（朝日新聞社）
『世界遺産　神々の眠る「熊野」を歩く』植島啓司文 鈴木理策写真（集英社ヴィジュアル新書）
「藝林　本居宣長の『古事記伝』からみた『古事記』」第六十二巻一号　吉田悦之

文学者たちの伊勢と熊野

半田美永

地方に目を向ける作家たち

近代文学における「地方の視点」ということを、私は早くから提案しておりました。「伊勢」あるいは「熊野」も、近代の作家や作品を考える場合に、少なからず有力な視点・視座を提供するはずです。

例えば、現今の谷崎潤一郎年譜には、彼と伊勢との関わりは記録されていません。しかし、彼が伊勢地方を訪問したという痕跡があります。谷崎潤一郎の短冊が当地方の旧家に残されています。また、旧神宮皇學館（現在の皇學館大学）の館長、山田孝雄博士に校閲を依頼した谷崎が、いわゆる『谷崎源氏』を執筆中に、伊勢の山田孝雄博士宅を訪問したことが、伝わっております。また、それを裏付ける資料が残っていますが、いわゆる中央での出版物には、そういう事跡が残らないのです。

平成二十二（二〇一〇）年六月、私は中国にいました。ここ数年、河南省の大学へ学術交流で年に二回ほど行っております。帰国途上、上海経由で熊野の上空を飛びました。その日は、たまたま正午ぐらいに和歌山県白浜から斜めに横切って、常滑の中部国際空港に着陸しました。初めて上空から見た熊野の景色は壮大でした。上から見ると、山頂から道路のように道がついています。ところが車が一切走っていません。これは、水源が枯れて、水が流れていない水路だと気がつきました。それが無数の網の目のように見えます。ところどころに水源があって、日本で雨が一番多いとされる大台ケ原の辺りに湖が見えます。

そこから流れ始めた水は、一つは、紀伊半島の最南端の熊野川を形成します。伊勢方面には宮川が流れ、また吉野川は西に向かって、有吉佐和子の作品で有名になった紀ノ川と名称を変えて、和歌山県北部を流れます。紀伊半島を俯瞰《ふかん》すると、まさに水源は同じなのです。

熊野に行くには、東の伊勢路と、西の紀伊路があります。平安時代末から中世に至って身分の上下、老若男女にかかわらず、紀伊半島を南下して人々は熊野を目指しました。それが有名な「蟻の熊野詣」です。人の列が蟻の列を為すのに例えたものです。熊野の向こうには大きく開けた太平洋の海原があります。それは遥か極楽浄土の世界に続いているという考えがあります。観音信仰の世界です。

なぜ私が熊野や伊勢に関心を持ち始めたのかということについて、まずお話したいと思います。私はもともと近代文学、近代の歴史に関心がありました。早稲田大学には有名な演劇博物館があります。その前庭に坪内逍遥の像があります。坪内逍遥は英文学を専攻する早稲田の教授で、とりわけシェークスピア研究の大家でした。シェークスピアを日本に紹介した人でもあります。ドイツから帰国したばかりの森鷗外は、大家の逍遥に論争を挑みました。明治二十年代のことです。文芸史上、有名な「逍鷗論争」です。理想や主観を没して客観的表現を旨とする考え方に対して、理想派の鷗外が反論したもので、「没理想論争」とも言われています。

明治になって、近代の哲学も芸術も文学も西欧から東京を経由して、地方に伝わってきました。その東京を日本近代の「中央」とすれば、いわゆる「地方」という、東京以外の地域は東京を経て近代化されていきました。紀伊半島という「地方」も例外ではありません。この地方が近代化されてゆく様相を、私は文学の分野から検証してみようと思ったのです。

ところで、全国的に鉄道が整備されてゆくのはいつ頃でしょうか。やがて、新幹線が走り、空路が日常的なものになります。中央で名をなした作家たちが、地方に目を向けて旅を始めるのは、この鉄道敷設の時期とほぼ重なります。島崎藤村や田山花袋など、自然主義と呼ばれる作家たちは、明治三十年代半ばごろに、地方に関心を示すようになります。その対象は、自分の故郷《ふるさと》であったり、あるいはまだ近代化されていない土地であったりします。交通の幹線であった海路が衰退し、鉄道の発展によって、「熊野」も近代化に遅れた地域でした。そういうところに作家たちは関心を持ち、熊野を歩き始めるのです。

そもそも近代文学は、先の坪内逍遥の『小説神髄』（明治十八〜十九年）を起点とするというのは、文学史の常識です。小説というのは人情を深く掘り下げ、その機微を描くことだと逍遥は言います。そういう意味で、彼は、『源氏物語』を高く評価するのです。それは、本居宣長の「もののあはれ」に通じます。そして『源氏物語』は、近代文学の要素をすでに持っていたということに私たちは気づかされます。この「もののあはれ」を描く近代作品の傑作として、私たちは鷗外の『舞姫』（明治二十三年）を知っております。彼の足かけ四年間の独逸《ドイツ》留学体験を基にした作品ですが、その物語に秘められた虚実皮膜《きょじつひまく》の冴えが、今も百二十年の歳月を経て語りつがれるゆえんでしょうか。

このような近代文学を研究の対象としたとき、日本が近代化されてゆく中で、彼らの多くが何故に地方に目を向け始めたのか。そして、彼らは地方から何をすくい上げ、自らの作品の土壌としたのか。私の興味や関心はそこにありました。そして、紀伊半島を相対化したところに見えてくるものの実体や本質を考えてみたいと思うようになりました。

『伊勢参宮名所図会』より　宇治橋

古歌に詠まれた熊野

御食つ国　志摩の海人ならし　ま熊野の　小船に乗りて　沖辺漕ぐみゆ（万葉集　巻第六）

これは『万葉集』に出てくる歌です。「御食つ国」は「みけつくに」と読みます。食糧を天皇に献上する国という意味です。ここでは、伊勢の国、志摩のことです。熊野の木材で作られた小舟に乗って、漁をするために漁船をこいでいく風景を歌っています。

わたの原　波も一つに　みくまのの　浜の南は　山の端もなし　（新勅撰集）

一面が大海原。見渡すと山の切れ端も見えない。壮大な海の風景です。熊野は山が多い。その山のほかは、すべて海だというのです。他にさえぎるものはありません。そういう風景を想像していただくと宜しいかと思います。

このような古歌を参考にしながら、現代歌人釈迢空《しゃくちょうくう》の作品を見てみましょう。釈迢空は本名折口信夫《おりくちしのぶ》といい、民俗学の大家です。国文学の研究でも一家を成しました。現在、歌壇でも大きな位置を占める「迢空賞」にその名が冠せられています。彼に「青うみにまかゞやく日や。とほ〴〵し　妣《はゝ》が国べゆ　舟かへるらし」という作品があります。『海やまのあひだ』（大正十四年）に収録された作品です。

この「妣が国」については、彼の自説があります。「妣《はは》」とは、亡くなった母、幻の母であり、「国」とはその母が居る国であり、往還のできない、幻の母の国のことであります。古来、日本人の意識下には、母の国を思慕するものがあって、その意識がわれわれ現代人の中に残っているのではないかという説です。異国から嫁いだ母が、風習に馴染まず幼子を残して帰国してしまう。子どもは母に会いたいと思うのが自然です。しかし、決して母の住む国へは行くことができない。これが「妣の国」の意味です。

折口信夫は、若い頃、一時期、大阪今宮中学の国語・漢文の先生をしていて、教え子二人を連れて熊野に旅したことがあります。元号が大正に改まった年のことです。伊勢参宮の後、志摩の安乗近くから乗船して、熊野引本で下船、そして古道を歩いて行きました。そのとき、二日ほど山道に迷い、野宿した経験があります。まだ二十歳代半ばのことです。

この「妣が国」という作品は、その途上に眺めた舟を幻視したときの歌です。あの船は「妣が国」の辺りに帰ってゆく船ではないだろうかというのです。実際には、漁船であったかも知れません。折口信夫は、現代の事象に古代を幻視する、特異な国文学者、民俗学者であり、そして歌人、詩人でもあります。また『死者の書』という古代に材を採った不思議な小説を残しました。このときの熊野での体験が、彼の学問や文学の基盤となったと言えます。

また、熊野の木材を用いた頑丈な船が、この志摩や熊野を航海していたという事実を、先の小舟の万葉歌は証明していると言えるでしょう。このことからも熊野では、古代から造船技術が発達していたという見方ができるかと思います。

海と山と岩と湯に象徴される「熊野」

次に花の窟《いわや》神社に触れてみます。花の窟神社は三重県熊野市有馬町にあります。巨大な花崗岩が佇立する御神体は、まさに熊野の原風景への東の入り口と表現してよいでしょう。『日本書紀』によれば、ここはイザナミノミコトの「葬り」の場所として記載されます。イザナミノミコトは、火の神様をお産みになった時に火傷をして亡くなられた。それで、この紀伊の熊野の有馬の村に葬り申し上げたというのです。年二回、二月二日と十月二日には花を供えて、この神の霊魂をお祭りするのです。

この御神体を拝していると、熊野は山の国であり、海の国であり、また岩の国であると思えてきます。その象徴がこの花の窟神社であると思います。花の窟は、南下する国道四十二号線沿いの右側に屹立する巨岩であります。左側に海が開けています。熊野灘につながっていく海です。この巨岩は、遠く熊野の海からも遠望されたことでしょう。「岩壁は黄泉国との境界を意味する」と注釈書にあります。境内や岩の頂上には浜木綿《はまゆう》や光るキノコなど、海浜の植物が生えていますが、境内が海岸続きだった名残でしょうか。

さらに南下しますと、重要文化財の千手観音立像を安置する補陀洛《ふだらく》山寺があります。作家の井上靖が『補陀落渡海記』に書いていますが、主人公金光坊《こんこうぼう》がかつて住職を務めたお寺です。彼は、還暦の齢に補陀洛山寺から船に乗って、浄土に行くことを一度は決心したのですが、その時期が近づくと、気持ちが変わります。

村人たちは、これを許さない。彼らは、わずかな食料を用意して、読経しながら金光坊を送り出します。ところが、悪天候のため金光坊の体は海に放り出されてしまいます。そして、舟の板子とも磯に打ち上げられたのです。それが途中まで同行した人たちに見つかり、また船に乗せられて送り出されます。この事件に因んで名づけられた島が、那智湾に浮かぶ金光坊島《こんこぶとう》です。なお、歴代の渡海上人の話は『熊野年代記』やその他に記されています。

那智湾の濱

その伝承を作品にする以前に、井上靖は『天平の甍』『楼蘭』『敦煌』などの作品を書きましたが、中国西域を舞台とした世界に関心を持っていました。作家井上靖の熊野と遥か彼方のシルクロードとが交差する眼差しに興味が湧

補陀洛山寺

きます。補陀洛山寺の本堂は千手《せんじゅ》堂と言い、千手観音が安置されています。次に、歴史小説家大路和子《おおじかずこ》の『補陀落山へ』の一節から引用させていただきましょう。

> 補陀落山寺の本堂は千手堂といい、茅葺き五間四面の寄棟宝形造りで、白木の千手千眼観音が本尊として祀られていた。六尺六寸の均整のとれた立像で、三貌十一面、四十本の手にはそれぞれ法具を持ち、おだやかなやさしさを全身に表している。

作中の金光坊をはじめ、渡海する住職たちは、この千手観音菩薩の前で、渾身の読経を唱えたに違いありません。そして、船出した後、彼らは再び帰ることはなかったのです。因みに、この千手観音の両方の耳朶《みみたぶ》の後ろには、憤怒のお顔が刻まれております。

また、熊野は近松門左衛門の『当世小栗判官』でも有名なように、熊野川支流の渓谷にある湯治場《とうじば》、湯の峰温泉として栄えました。日本最古、開湯一八〇〇年とされる、熊野詣での湯垢《ゆご》離場《りば》として栄えてきました。ここは、今から約六百年前、戦いに敗れ、死の世界をさまよっていた小栗判官が蘇生したと伝承される場所です。常陸の国から熊野へ向かう途上で、照手姫との恋物語が生まれました。また近くには、十二薬師のご利益があるとされる川湯温泉もあります。そういう意味で、私たちは命の蘇る湯の国としての熊野を忘れることはできません。

大斎原と古道

本流の熊野川、そして音無川、岩田川の合流するところ、そこは大斎原《おおゆのはら》と呼ばれ、かつて熊《くま》野坐神社《のにますじんじゃ》がありました。しかし、明治二十二（一八八九）年の大洪水で大部分が流されました。流されずに残った社殿は、現在の本宮敷地にそのまま移築されましたが、昔は、上皇、法皇を初め、中世の参詣者たちは、この大斎原を目指したのです。ここが熊野詣の終着点でした。熊野坐神社とは、現在の熊野本宮大社の正式名称です。

熊野路を辿り、この本宮大社の大注連縄の門をくぐる人々の心に兆《きざ》したのは、一種の安堵感だったのでしょうか。あるいは、心地よい達成感だったのでしょうか。熊野古道は紀伊半島の様々な入り口から、人々の魂の内実を窺い、その真偽を試す通路であったのかもしれません。熊野の神様は、ここに詣でる人々の心を試しているようにすら思えるからです。悪路、驟雨《しゅうう》、自然を克服する命がけの信仰心、それが熊野詣に求められた真実だったように思えるのです。

現在、この大斎原には、かつての壮大な境内を偲ばせる大鳥居が建てられています。

小山靖憲著『熊野古道』によれば、伊勢路は平安時代以来の参詣道でありました。ところが中世になって、紀伊路、中辺路が公式の通路となり、伊勢路は衰退していきます。しかし、北伊勢の豪族藤原実重は月参りの聖や道者のために湯供養を行っており、海路、陸路ともに伊勢路の利用者は、細々ながら存在していました。伊勢路が再び活況を呈するのは、中世の後半から江戸時代にかけての「お蔭参り」の隆盛が背景にあると指摘されています。

「お蔭参り」の民衆化とともに、道案内人を必要としなくなったことが伊勢路復活の起因ではないか、と小山靖憲氏は推測しておられます。つまり、伊勢参宮ののち、西国三十三所観音巡礼と連動して、熊野に向かうことが多かったのではないかというのです。遠く東北や関東から江戸を通って、伊勢参宮をして熊野にお参りするというルートがありました。伊勢と熊野は、こうして切り離すことのできない信仰の場として、後代に受け継がれていきます。陸路、海路を問わず、伊勢から熊野への旅程のいたる所には、神々の魂が宿り、旅行く人々の心を支え続けてきたのだと思います。

伊勢から熊野へ——文人墨客の訪れ

中里介山の長編小説『大菩薩峠』には、伊勢参宮への通路として古市《ふるいち》が出てきます。「間の山の巻」の一節を引用してみましょう。

伊勢の大神宮様は日本一の神様、畏くも日本一の神様の宮居をその土地に持った伊勢人は、日本中の人間を膝下に引きつける特権を与えられたと同じことで、その余徳のうるおいは蓋し莫大なもので、伊勢は津で持つというけれども、神宮で持つというほうが、名聞にも叶うものでありましょう。

ご承知のように、内宮と外宮の間にある「間の山」には、旅館や見世物小屋が林立していました。伊勢詣の盛んだった江戸時代には、この古市には伊勢歌舞伎が興りました。『伊勢音頭《いせおんど》恋寝刃《こいのねたば》』（寛政八年・一七九六年）の舞台となった「油屋」もその一つです。

伊勢神宮へお参りしますと、そこに宇治橋という橋があります。平成二十一（二〇〇九）年十一月三日、二十年ぶりに橋は架け替えられました。その宇治橋を渡るという行為が、つまり「みそぎ」なのです。昔は橋がありませんでした。五十鈴《いすず》川は、「みもすそ川」とも言います。川の向こうの大神にお参りするために、御裳裾《みもすそ》川、つまり五十鈴川で着物の裾をぬらして川を渡ったのです。それは、いわば、「みそぎ」の行為です。「裾」は「濯」の字を充てることもあります。それらは、和歌に詠まれ、歌枕として広まってゆきます。

明治以降、与謝野鉄幹や晶子、若山牧水、田山花袋、伊良子清白、折口信夫など、多くの文人墨客が、伊勢から熊野を訪れています。まだ道路が十分整備されておらず、歩きとおすことが大変険しかった頃の話です。これらの文人たちは、自らの魂に感光した伊勢や熊野を作品に仕立てて、世に残しています。

ところで、熊野への入り口、九十九王子《くじゅうくおうじ》のひとつ、発心門王子《ほっしんもんおうじ》を越えると、熊野古道から先ほどの大斎原が遠望できます。そして、伏拝王子《ふしおがみおうじ》跡に建てられた和泉式部の碑から、当時の古道の有様が伝わってきます。京の都からやっと辿り着いた式部が、大斎原を伏し拝んだとされる場所であります。伝承された和泉式部の歌を紹介しましょう。

晴れやらぬ　身の浮雲の　棚びきて　月のさはりと　なるぞ悲しき

苦難の果てに辿りついた和泉式部は、ここで「月の障り」となり、参詣を諦めたのです。しかしその夜に、熊野権現が彼女の夢枕に立ち、参詣を許されたというのです。伊勢神宮は不浄を厭う、聖域として考えられています。ところが、古来、熊野はそうではありませんでした。

熊野権現御託宣には「もろともに　塵にまじはる　神なれば　月のさはりも　なにかくるしき」とあり、全てを受け入れています。ですから、伊勢神宮があり、その奥に熊野があるということは、非常に意味があります。そこは、全てを受け入れる、いわば仏教でいう「曼荼羅」の世界を象徴しています。伝統的に、「熊野権現御託宣」というのは、やはり必要だったのだと思います。

伊勢から熊野へ、そしてその西には吉野があります。吉野には修験道の世界があります。前登志夫は、吉野の風土を歌い上げた現代最高の歌人です。人生の悲傷も愛憎も、また歴史の陰影をも、この歌人は吉野の風土を文学的土壌としてすくいあげました。西行法師の「願はくは　花のしたにて　春死なん」と詠んだ人の心と漂泊の世界を、この現代歌人は吉野に定住しながら、見事に表象変化させています。

さらに向こう側には、空海・弘法大師の高野山があります。日本最大の紀伊半島は、伊勢と熊野だけではなく、吉野・高野山を包括し、現実世界の宇宙を体現させているよ

伏拝王子から大斎原を臨む

うに見えます。

近代以降、日本人は欧米文明の恩恵を受け、快適な生活空間を獲得しました。しかしながら、それによって現代社会の負の遺産もまた、もたらされることになりました。この信仰の空間はそうした負の遺産を改めて考えさせてくれます。例えば、熊野の山野を駆け巡った南方熊楠のエコロジーは、いま環境保全の大切さを思い起こさせてくれます。

二十年に一度の伊勢神宮のご遷宮は、その聖域の浄化とともに、命の蘇り、とこしえの命の継承を暗示しています。そこには、技術の伝承と発展、循環する自然への畏敬、神への敬虔など、私たちが生きる上で忘れてはならない重要で素直な心があるように思われます。今なお、毎日のように伝えられる混濁の世界の有様を思うとき、この聖なる空間から教えられるものの意義は、大変大きいものです。

おわりに

伊勢と熊野を文学的観点から見ていくと、ここにお話しした以外にも、多くの記録が残されているでしょう。また、近代文学の分野に限っても、今も書き継がれ、後代に残される作品も少なくはないでしょう。それらを注意深く見守りながら、これからも紀伊半島、「熊野・伊勢」

の特質を考えていきたいと思います。

宮坂宥勝著の『空海』は、空海密教の曼荼羅世界を解明していますが、その中で「単一の精神文化ではなく、身体論や言語論を包含した人間存在」に、その特質を見ています。つまり、世界を二極分化して見るのではなく、それらを包摂、融合し、秩序と調和を具現するという考え方です。私は、それが紀伊半島の特質だと思うのです。紀伊半島は、まさに死者と生者を包摂、融合する場であります。作家の中上健次が表現するように、ここは、「敗者」をも受け入れる器として存在していたのです。

佐藤春夫と中上健次は、熊野を代表する現代の作家ですが、両者の文学世界の違いにおいても、この地域の特色を指摘することができます。折口信夫の感知した「光充つ」「まかがやく」伊勢と、「うす闇」の熊野（歌集『海やまのあひだ』）は、まさに、この風土の特質でもありました。佐藤春夫と中上健次は、近代になってもなお伏流するこの土地のエネルギーを、自らの創作のエネルギーとしていました。その風土は、蓄積された熱量を放電する場と言い換えてもよいでしょう。

参考文献

『新編日本古典文学全集　日本書紀』小島憲之・西宮一民・毛利正守他、校注・訳（小学館）
『紀州　木の国・根の国物語』中上健次（朝日新聞社）
『紀伊半島近代文学事典　和歌山・三重』浦西和彦・半田美永編（和泉書院）
『文人たちの紀伊半島―近代文学の余波と創造』半田美永（皇學館出版部）
『熊野　その信仰と文学・美術・自然』林雅彦編（至文堂）
「別冊太陽　熊野　異界への旅」山本殖生構成（平凡社）

日本の祈りを未来へ——熊野速玉大社の信仰と歴史

上野　顯

熊野の魅力

私は熊野の神々に最初に仕えた高倉下命《たかくらじのみこと》を始祖とする熊野三党（宇井、鈴木、榎本）のうち、宇井を先祖とする家系に生まれました。熊野の社家として神主の道を選び、國學院大学を卒業後、橿原《かしわら》神宮に奉職いたしました。

五年後に帰郷し、生まれ育った熊野という土地がどういう所なのか少しずつわかってくると、その魅力にどんどん引き込まれていきました。というのも橿原神宮や伊勢神宮に限らず、元来神社に参拝する時は、ごく当たり前のことですが、上着を着るなど御神前に相応しい姿でお参りしなければなりません。

ところが、熊野は外見で判断せず人を迎え入れます。形に囚われないのです。むしろ既成概念に少し抵抗するというか、進取というか、不思議な所です。姿、形よりも神に向き合う気持ちを大切にしながら、ひたすら詣でる場所が熊野なのだと思います。

熊野について調べれば調べるほど限りなく広がり、よくわからなくなってしまうことがあります。熊野を知ることは日本の歴史を紐解《ひもと》くのと同じくらい奥が深い。信仰史はもちろん、人物でも語れ、自然でも語れる。民俗学、古文化財、世界遺産、はたまた金融業のルーツ、富突き興行などなど、聖なる部分とチョイ悪で俗っぽい歴史もあり、実にファジーで魅力的な所です。

話し始めると収拾がつかなくなるのが、熊野なのです。

熊野信仰の起こり

熊野速玉大社御社頭

熊野信仰を辿っていくと、自然信仰を中心とする原始信仰から、仏教伝来によって権現号を得て、一躍全国的な広がりをみせる熊野権現信仰への発展が見えてきます。私達の祖先は一体いつ頃から神を感じたのか、想像するほかありませんが、私は神を祀る心の奥深くに「恐れ」と「畏れ」の感性があったと思います。

自然は、言葉でいい表わせないほどの驚異、感動、絶望と恵みを私達に与えます。生命の保障のない大自然の中で生きていくということは、古代人にとって想像を絶するほど苛酷であったろうと容易に推察できます。

私達の生活を、また自身をも破壊してゆく自然の猛威、一方で暖かい光と豊饒の恵みを与える生命の泉としての存在……自然ほど恐ろしく、かつ温《ぬく》もりのあるものはありません。

大自然の驚異と恵みは、「恐れ」と、気高きものへの「畏れ」を生み、「カミ」のスピリットを芽生えさせたのではないでしょうか。

カミへの目覚めは、古代の人々の暮らしを大きく変え、「聖なる気高きもの」への共感は、初めて日本人がカミを意識した瞬間であり、「祭祀」が始まる始点となったと思うのです。

一方、灼熱砂漠の乾燥地帯で生まれた宗教の神は、厳しい自然環境の中で暮す人々にとって、まさに「恐れる存在」であり、救世主としての神が待ち望まれました。人々の希求に応えて現れた自然をも超える全知全能の神の誕生です。

しかし、私達の祖先は自然を超越した完全無欠の神を望まず、大自然の中にこそ存在し、猛威も恵みも合わせ持つ厳しくも温かい神を望み、見出したのです。世にも稀な「過ち」というものを認めた日本の神々は、こうした古代の人達の観念の中から生まれたのではないでしょうか。

また熊野には高い独立峰はありませんが、とにかく山々が重畳《ちょうじょう》と続き、その間を熊野川が流れ、海に達する……。「空青し　山青し　海青し　日はかがやかに　南国の五月晴れこそ豊かなれ」。熊野が生んだ文豪佐藤春夫の「望郷五月歌」そのものの自然が、今も残っています。

しかし、平野らしきものが全くありません。鬱蒼として奥まった所を抜けると、神々の坐します「隠りく国」があり、熊野は、沖縄の御嶽《うたき》や拝所《うがんじょ》に似た大自然が作り上げた神聖な場所がたくさん残る、極めて重要な場所といえるでしょう。

熊野三山の成立

このように自然が創出した聖なる場所に、熊野の神々は降り立ちます。古代から祭祀が行われ、拝所ができ、徐々に神社の形が整い、長い歴史が由緒を作り上げていきます。

熊野速玉大社の由緒は、社伝として伝わってきた由来だけでなく、古書から多くを出典しています。それによると熊野夫須美大神《くまのふすみのおおかみ》、熊野速玉大神《くまのはやたまおおかみ》、家津美御子大神《けつみこのおおかみ》の熊野三柱の神々は、まず新宮の神倉山に降臨され、その後、新宮、本宮、那智へと分祀されていったことが記されています。

『熊野権現御垂迹縁起』（一一六四年の奥書『長寛勘文』）によると、熊野神が伊予、淡路を経て新宮の南にある神倉山に降臨され、その後、阿須賀社（熊野速玉大社の元摂社）の北、熊野川の対岸の石淵（三重県鵜殿村矢淵）に結・速玉神と家津美御子神を二つの社に祀ったことがわかります。

また、「熊野年代記」には、安寧天皇十八年に新宮の神倉に祀られ、貴禰谷《きねがだに》（石淵）へ遷《うつ》り、孝昭天皇五年庚午年に二社を建立して熊野三所大神を祀ったことを伝えており、同書には、「景行天皇五十八年熊野新宮建」、『熊野年鑑』には「春三月起熊野鎮座地宮殿是号新宮」と記しています。さらに、『水鏡』の景行天皇の条《くだり》に「五十八年二月くまのの新宮はこの御時にはじまりたまへりし」とあり、『紀伊続風土記』では「神倉山に其俀跡を止め給へる景行天皇の御代、今の新宮の地に遷し奉れり」と記しています。

このようにさまざまな古書が、神倉が熊野大神最初の降臨の地で、次に石淵の峰に遷り、更に熊野速玉大社の現社地に新たな社殿を建立して新宮が成立したことを伝えている点に、特に注目すべきだと思います。本宮に対する新宮ではなく、神倉山から真新しい初めての社を造り遷したことをもって「新宮」と号したことが、明確に記されています。

神倉山は自然林に覆われた高さ二百二メートルほどの山で、天ノ磐盾《あまのいわたて》と呼ばれる約八十メートルの峻崖の上に、神々が降臨した巨岩（ゴトビキ岩）を神体とする神倉神社が、祀られています。熊野川と太平洋と神倉山によって囲まれた中洲に新宮があり、大パノラマが眼下に広がります。

ここにはもともと社殿はなく、後に源頼朝が寄進したと伝わる自然石を積み重ねた、仰ぎ見るような五百三十八段もの急峻な石段が続きます。毎年二月六日になると、白装束に身を固めた男達が御神火《ごしんか》をいただき、急峻な石段を駆け下りる「お燈祭《とうまつり》」という火祭が行われます。

人々を圧倒的な存在感で寄せつけない古代祭祀の霊山として崇められてきた神倉山。私の父は、ゴトビキ岩の下から弥生中期の銅鐸の破片や経塚を発見しています。『神武天皇紀』には、「神日本磐余彦天皇　熊野神邑ニ至リ　且ツ天ノ磐盾ニ登ル」とも記されているように、古代からよく知られ、選ばれた者だけが登ることを許された気高き畏れの山であったことを窺い知ることができます。

近年、「熊野は死の国」と語る人がいます。『日本書紀』に、「イザナミノミコトを熊野有馬村に葬る」という記述から、死の国のイメージをもつのかも知れません。有馬の里は新宮から約二十キロ離れた三重県熊野市にありますが、そのイザナミノミコトを葬った花の窟神社も、神倉山と同様に立ちはだかる岩壁と、目の前に青い海がどーんと広がった場所に祀られています。

神倉神社とゴトビキ岩

鬱蒼とした隠《こも》りく国であっても、抜けるような青い空と海、緑濃き山々に囲まれた熊野は、死の国という陰鬱さは微塵もなく、むしろ死を超越した常世の国であって「美《うま》し国熊野」と呼ぶほうが、素直に熊野を表現していると思います。

一方、『古事記』には「出雲と伯伎《ほうき》国の境の比婆山《ひばやま》に葬る」とあり、『日本書紀』とは葬られた場所が異なっています。私も時々出雲に出かけますが、「弁当忘れても傘忘れるな」といわれるくらい雨が多く、雲が垂れこめており本当に「山陰」と呼ばれる土地だと感じました。太陽があまり射さない。まさにイザナミが葬られた所という気がしてきます。しかし、熊野の神々にお仕えする私達は、仮に熊野がイザナミノミコトを葬った場所であったとしても、熊野を「死の国」と表現することはありません。

熊野権現信仰の神と仏

日本は、力の異なった神々を自然万物に認めた国ですから、六世紀に仏教が伝わってきた時、蕃国神《あたしくにのかみ》と呼んで、八百万の神々の一柱として受け入れました。この受け入れたということがとても重要で、日本人の寛容性の原点がここにあります。

一般には、「本地垂迹説《ほんちすいじゃく》」が神仏習合の歴史だと理解されています。簡単にいってしまえば、神は仏法を守る護法善神で、神の本地は仏なのだということですが、私はどうしてもこの説に納得がいきません。理由は、仏法が伝わる遥か以前から、私達の祖先は自然万物に「畏き神」を観て、手を合わせてきました。にもかかわらず、何故もとからおはす神が後から伝わった仏法の守り神となり、本地仏と垂迹神になるのかということに合点がいかないのです。

では、熊野において神と仏の関係はどのように説かれたのでしょうか。

熊野では「本地垂迹説」と異なる「熊野権現信仰」が出てきます。「権現」とは、権《か》りに（仮に）姿を現すという意味です。神は無始無終、直接目で見ることができない尊い存在であるがゆえに、必ず依代《よりしろ》を必要とします。巨岩や巨木、鏡や特別の石など様々な依代があります。見えない神が仏の姿を権りて、現世に現れると説くのが「熊野権現信仰」です。

御神木　梛の大樹

　熊野の神々は、仮に自分の姿を仏に変えてでも俗世界に降り来て、私達を救ってくださる慈悲深い「権現さん」として、一躍全国に広まり、爾来《じらい》千三百年もの間、神仏習合の歴史が続いていきます。いや、正しくは「神仏和合」の歴史というべきかもしれません。

　権現信仰が浸透していくと、神々に仏名がついていきます。熊野速玉大神は薬師如来へ権現して、過去世を救済し、夫須美大神は千手観音に権現して現世を、家津美御子大神は阿弥陀如来に姿を変えて来世を救うと信じられ、人々は難行を覚悟で熊野を目指しました。しかも、強者弱者、地位善悪、信不信を問わず、別け隔てなく救いを垂れる神仏として崇敬されていきます。

北海道から石垣島まで日本国中に熊野神社が祀られ、その数は数千社に上るといわれ、中世には御二十三方、百四十度に及ぶ皇族方の熊野御幸（九〇七年〜一三〇三年）があり、なかでも後白河上皇は三十三度も参詣したことが、境内の熊野御幸碑に記されています。

熊野信仰は皇族、武家、公家から庶民へと広まり、「蟻の熊野詣」の言葉も生まれるほど国民的信仰にまで発展していきます。この背景には、山伏、熊野比丘尼《くまのびくに》の布教活動、さらに参詣者をサポートする先達、御師《おし》などの参詣ネットワークなどが挙げられると思います。特に熊野比丘尼は、熊野の絵といわれる「観心十界曼荼羅」、「熊野牛王宝印」、御神木「梛《なぎ》」の葉をもって全国に出かけ、地獄極楽を説いて人々を熊野へ誘いました。

「梛」の木は、熊野の御神木とされ、熊野速玉大社には樹齢千年ともいわれる梛の大樹がそびえ、今でも現世安穏を祈ってこの葉を戴くことが、熊野詣の慣わしとされています。沖縄が本土復帰を果たした年にも、速玉大社の梛の苗木が沖縄に運ばれ、各学校に世界平和を祈って植樹され、大きく成長しています。

また熊野速玉大社では、神社でみることが珍しい「熊野観心十界曼荼羅」の絵解きを行っていますが、これも神仏和合の熊野信仰の精華といえます。善悪入り乱れた世界にあって、現世の行いが行くべき来世を決めるというのです。

「お前は何れの道を行くのか」と、私達に「十界曼荼羅」が問いかけてきます。

人生甦りの熊野詣

熊野の魅力は語り尽くせませんが、「最も好きなところは？」と聞かれたら、私は迷わず「濡《ぬ》れわら沓《ぐつ》の入堂」と「和光同塵《わこうどうじん》」の言葉を挙げます。

熊野を目指して苦行を続けてきた人達は、時には雨や嵐に打たれながら履《は》いたわらじもすでに濡れたり泥にまみれたりしていました。険しい山道を越え、やっとのことで宝前に額《ぬか》ずくと、皆涙にむせんだといいます。その人達を、濡れたわらじのまま礼殿（拝殿）に迎え入れたという言葉が、この「濡れわら沓の入堂」です。

これほどまでに人々を温かく、別け隔てなく迎え入れてきたという史実に初めて触れたとき、私は身の打ち震える感動を覚えました。辿り着いた人達はどれほど嬉しく思ったことでしょう。きっと感激の涙によって、心が洗われ、自分の真の姿が甦ったと思います。熊野を目指す人々が命がけなら、熊野もまた真剣に真心をもって迎え入れてきたことが、「濡れわら沓の入堂」の話にこめられています。「詣《もう》でる心」と「迎え入れる心」が、今日の「甦り・再出発」の信仰を創り上げてきたのでした。

また「和光同塵」は「光を和らげて塵《ちり》に同じうす」と読み、熊野の神々は、たとえ塵に交わって自らの力（光）が和らぎ弱まろうとも、不浄な現世に降り来て私達を救ってくださるという、慈悲深い神徳を讃えた言葉です。

救いを求めて詣でる者には、別け隔てなく、いつでも宏大無辺な加護を垂れ給うという慈愛に溢れたこの二つの言葉は、いつしか熊野速玉大社の社訓となり、お仕えする私達が忘れてはならない大切な教えとして今も生き続けています。熊野は生きる力をもう一度受け取りにくる所です。命がけの旅は、私達が生まれた時に持っていた、あの純真な姿と心を取り戻す試練の旅であったと思います。

難行苦行の果てにある救い……。それは、自分の「心」を取り戻し、迷わず人生の再出発を踏み出すための勇気と覚悟の加護にほかなりません。熊野が「甦りの地」といわれる本意は、まさしくここにあると、私は信じています。

「紀伊山地の霊場と参詣道」として、熊野は日本で十二番目の世界文化遺産に登録され、平成二十六（二〇一四）年には十周年を迎えます。この間、ユネスコから普遍的な価値として文化的景観の保護が強く求められてきました。

しかし、平成二十三（二〇一一）年九月一日から四日にかけて台風十二号が紀伊半島を襲い、凄まじい土石流によって、熊野は歴史的大水害を蒙《こうむ》りました。山や川は荒れ、文化的景観は一変してしまったのです。世界各地でこのような天変地異が起こっています。

自然との共生、感謝を謳いながら、一方で今なお楽を求めて自然を侵し続ける「恐れと畏れ」を忘れた人類の不遜の歴史が、天の怒りを招いているのかとさえ思われます。

10月15日例大祭　神なぎの舞

熊野速玉大社でも、「お旅所」が流失するという被害に見舞われましたが、「皆で守る世界遺産」を合言葉に、ほぼ元通りに復元することができ、例大祭も無事に斎行《さいこう》することができました。しかし、鬱蒼とした元の佇まいが戻るには、まだまだ長い時間がかかります。

文化的景観の保護という、形を残すことの重要性はよく理解できます。しかし、日本固有の神仏和合の習合思想を育んできた、熊野信仰の別け隔てない精神文化と、人間本来のあり方を問い直す甦りの思想こそ、今人類が必要としている普遍的な価値として、もっと注目されるべきではないでしょうか。私はこのことを広く訴えたいのです。

祭は人を育てる

人間が生きていく上で重要なことの一つに、宗教的情操の涵養があるといわれます。伝統神事を勤めながら本当にその通りだと思うので、少しお話ししたいと思います。

神倉神社で毎年二月六日に「お燈祭」という火祭りが行われます。白装束に身を固めた「上り子」と呼ばれる二千人の男達が、御神火をいただいて急峻な石段を駆け降りる神事で、「山は火の瀧、下り龍」と謳われるほど、実に躍動的で、壮観な火祭りです。

男は心身の清らかであることを示すために、祭当日は白いものしか口にすることを許されず、水をかぶって潔斎をします。女達は、神倉山の麓で男達が御神火を戴いて下りてくるのをひたすら待ち続けます。

お燈祭は火の神性を恐れ畏み、御神火を家々に祀る正月の神迎えとして行われ、千数百年以上の伝統があるとされていますが、おそらくもっと古くから行われてきたに違いありません。

数十名の屈強な若者達が「介釈」(介錯)を務め、祭を仕切ります。危険な祭ですから上り子も介釈も飲酒厳禁で臨むのが本来ですが、実際はなかなかそうはいきません。そのような中で、ある介釈が泥酔して暴れてしまいました。次の年、私は自分の傍らに彼をつけて、誰にも見せない「火鑽《ひき》り」の秘儀を見せました。

「お前たちがこれからもずっと護っていかなければならない神魂《かもす》の火は、こうして戴くのだ。伝統を背負うということは、介釈や上り子が酒を飲んで騒ぐことではない」。そして火打ち石で火を鑽りました。

大きい火花や小さい火花が飛びますが、選ばれた火がつくのです。その火種を藁に包んで、漆黒の暗闇の中、一筋の真っ白い煙が立ち上るのを、固唾《かたず》を飲んで見守ります。

こうして緊張の中で火を戴く一部始終を見せましたら、彼の眼の色が変わり、実に見事な奉仕をするようになりました。心が変われば行いも変わる。祭は人を育てるのです。

２月６日お燈祭　介釈と初上りの子供

お燈祭　山は火の瀧　下り龍

また幼い子供も白装束を着けて父親に手を引かれたり、おんぶされたりしながら山に上がります。煙と恐さで泣き叫ぶ子もたくさんいますが、やっと山を下りてきた我が子を抱き上げた時、お母さんの感動は一《ひと》入《しお》です。きっと我が子にたくましさと誇りを感じたことでしょう。今、このような親子の情愛、家族の絆、生きていることの感動、感謝が薄れてきたのではないでしょうか。

現代社会が失いかけている大切なものが、まだ熊野速玉大社の伝統神事の中に残されていることに誇りをもって、これからも大切にしていきたいと思います。日本人の寛容性に富む多神観とその祭は、私達の情操を養い、人間としての心を育みます。モンスーン気候による豊かな自然が美しい森や生命、神を生み、そこに祭祀が始まり、やがて「しきたり」ができていきます。

一神教のように全知全能の神が人間に対して戒律を定めるのではなく、「畏れながらこれでよろしいでしょうか」と、神に対して祖先達が自ら定めた線が「しきたり」を作ってきたのです。たとえば、お燈祭にも、男は山に登り、女は家に籠もり、「サカムカエ」という直会《なおらい》を準備する。白いものしか食べてはいけない、白装束に縄は七、五、三の数を巻く、松明は檜、御神火は石で鑽るなど、随所にしきたりがあります。これらを全て忠実に守ってこそ、伝統祭祀が甦るのです。「しきたり」を古くさいものと思ってはいけません。私達はそれを大切に守り伝えてきた民族なのですから。

未来へつなぐ日本の祈り―萬教帰一の精神

水をテーマにした番組で深く考えさせられたことがあります。どこの国かは定かではありませんが、お母さん達が頭に甕《かめ》を乗せて、毎日一時間かけて水を汲みに行くというのです。

甕一杯の水、二十リットルが家族五人の一日分の水で、小さな切り株を台にして、一滴も無駄にしないように僅《わず》かな水も手で何度もすくい取りながら、食事を作っていました。

取材班が尋ねます、「もっと水が欲しくないですか」と。すると、彼女は澄んだ瞳で一言、「これが神様が私達にくださった量なのです」と答えたのです。私はこの言葉に射抜かれて、全身に衝撃が走りました。

生きるために必要な水さえも充分にない厳しい環境にありながら、彼女はそれを恨むどころか、見事な言葉で神への感謝と自分の存在を語ったのです。

安易に比較することはできませんが、私達が一日に

10月16日　お旅所　杉の仮宮に畏む

使う水の量は、生活用水だけで約三百リットルと聞きました。豊かな自然に恵まれた日本で生まれた私は、自然への感謝の心を説いてきましたが、この母親の珠玉の言霊《ことだま》に触れて、今まで自分が口にしてきた感謝という言葉とは全く違う重みを感じたのです。

天からの僅かな恵みさえ、神様がくださった量なのですと謙虚に受け入れるこの心こそ、まことの感謝なのだと教えられました。自然の中で生かされて暮す彼女達の気高さに、私は一神教と多神教の壁を超えた神を見たような気がしました。謙虚で澄みきったあの心を、私達はどこへ忘れてきたのでしょうか。

御来光の力強く美しい輝き、夕日のたとえようのない神々しさ、小鳥のさえずり、神域をわたる清らかな風…。

心が渇いてきたら、ぜひ甦りの地　熊野速玉大社においでください。

私は、スイッチを押せば電気のつく今でも、年に一度だけ、神倉の火を石でおこし、美しい神殿がある今でも、杉の葉で最初の「新宮《にいみや》」を造り、神々を迎えて祝詞《のりと》を上げます。

古代から受け継いできた日本の祈りを、未来へ繋ぐために…。

参考文献

『速玉文庫』第一巻〜十五巻　上野元（熊野速玉大社）
『熊野』瀧川政二郎（原書房）
『熊野　その信仰と文学・美術・自然』林正彦編（至文堂）
『熊野三山とその信仰』松井美幸（名著出版）
『熊野速玉大社古文書古記録』瀧川政次郎（清文堂）
『熊野信仰研究と庶民信仰史論』豊島修（清文堂）
『熊野比丘尼を絵解く』根井浄・山本殖生（法蔵館）
『修験道の室町文化』川崎剛志（岩田書院）
『日本人の自然観』寺田寅彦（青空文庫）
『熊野修験』宮家準（吉川弘文館）
「熊野新宮経塚の研究」上野元・巽三郎（熊野速玉大社神宝館）
「熊野速玉大社の名宝」（和歌山県立博物館）

あとがき

皇祖神を祀り、古代より多くの人々の崇敬を集め、近世には「お伊勢さん」と親しみを込めて呼ばれ、名もなき庶民の「お蔭参り」「抜け参り」のような特異な参詣の形を生みだした伊勢神宮。一方、山岳修行者や巡礼者のめざす隠場《こもりば》であったが、中世には、浄土信仰の広まりとともに熱狂的な参詣が繰り返され、「蟻の熊野詣」と称されるようになった熊野三山。

本書では、別々に扱われることが多かった「お伊勢参り」と「熊野詣」という二つの参詣の旅を一つに繋いで、古来からの日本人の信仰の形と巡礼の旅の変容を辿ってみることにしました。

宗教的な面でも、伊勢と熊野は切り離された場所だと思われがちです。ところが、平安末期には伊勢神宮と熊野権現とが同体であるという説が唱えられたことがありました。

しかし、伊勢と熊野の神が同体であろうとなかろうと、伊勢と熊野には私たちの心を惹きつける「何か」があり、人々は遠い道程を苦ともせず参詣の旅を続けたのです。そこに日本人の心に潜む神仏への強い祈りの力を見ることができます。

本年は伊勢神宮の式年遷宮の年に当たり、来年は「紀伊山地の霊場と参詣道」世界遺産登録十周年を迎えますが、近年では、参詣の形態は徒歩から車へと変わり、物見遊山的な旅が増えてきました。しかし、そこに流れる日本人の信仰心は、今日まで変わることなく受け継がれているように思われます。

日本人はなぜ伊勢と熊野をめざすのか。その謎を本書から少しでも読み取っていただければ嬉しく思います。

本書は、早稲田大学エクステンションセンターで行われた二〇一〇年四月の「聖地・熊野と伊勢―日本人の心の原郷を旅する」(公益社団法人和歌山県観光連盟・伊勢文化舎提携講座)と、二〇一三年一月の「記紀神話と熊野―日本の原郷・熊野の歴史と風土を探る」(現・東紀州地域振興公社提携講座)から生まれたものです。

作成にあたっては、早稲田大学国際言語文化研究所の池田雅之先生、大場静枝・河野美里さんの協力を得ました。とくに池田先生には、編者としてのほとんどの作業をお願いすることとなり、まことに申し訳ない次第となりました。また、出版・編集では、かまくら春秋社にお世話になりました。記して、関係者の皆様に、心より感謝申し上げます。

二〇一三年　秋

辻林　浩

著者略歴

河合真如（かわい　しんにょ）
神宮司庁広報室長。『伊勢神宮の智恵』（小学館）、『常若の思想』（祥伝社）

池田雅之（いけだ　まさゆき）
＊奥付に記載

町田宗鳳（まちだ　そうほう）
広島大学大学院教授。比較宗教学、比較文明論、生命倫理学。『エロスの国・熊野』（法蔵館）、『山の霊力』（講談社選書メチエ）、『人類は「宗教」に勝てるか』（NHKブックス）他多数

辻林浩（つじばやし　ひろし）
＊奥付に記載

三石学（みついし　まなぶ）
熊野市教育委員会総務課長、熊野市文化財専門委員。『海の熊野』共著（森話社）、『三重県謎解き散歩』共著（新人物往来社）

小倉肇（おぐら　はじむ）
みえ熊野学会運営委員長。『松尾芭蕉』（さ・え・ら書房）、『熊野古道 伊勢路紀行』（伊勢文化舎）他

九鬼家隆（くき　いえたか）
熊野本宮大社宮司。『熊野　神と仏』共著（原書房）

山本殖生（やまもと　しげお）
熊野三山協議会幹事。『世界遺産　川の参詣道 熊野川の魅力』（自費出版）、『熊野 八咫烏』（原書房）

高木亮英（たかぎ　りょうえい）
西国第一番札所 那智山青岸渡寺副住職、熊野修験代表。

吉田悦之（よしだ　よしゆき）
本居宣長記念館館長。『本居宣長の不思議』（本居宣長記念館）、『心力をつくして 本居宣長の生涯』（本居宣長記念館）

半田美永（はんだ ･よしなが）
皇學館大学文学部教授。『佐藤春夫研究』（双文社出版）、『歌集　中原の風』（短歌研究社）、『伊勢志摩と近代文学』編著（和泉書院）他

上野顯（うえの　あきら）
熊野速玉大社宮司、神社本庁参与、和歌山県神社庁理事、同研修所講師、新宮市歴史文化的景観保全審議会委員。

池田雅之（いけだ　まさゆき）
早稲田大学社会科学総合学術院教授。同国際言語文化研究所所長。比較基層文化論、比較文学専攻。NPO法人 鎌倉てらこや理事長。その社会貢献活動に対して、文部科学大臣奨励賞（2007年）・正力松太郎賞（2011年）を受賞。著作に『ラフカディオ・ハーンの日本』（角川選書）、『循環と共生のコスモロジー』共著（成文堂）、『古事記と小泉八雲』共著（かまくら春秋社）。翻訳には『新編 日本の面影』、『新編 日本の怪談』（角川ソフィア文庫）他多数。

辻林浩（つじばやし　ひろし）
和歌山県世界遺産センター長。田辺市景観保全審議会会長。考古学専攻。2000年から、「紀伊山地の霊場と参詣道」が世界遺産に登録された2004年まで、和歌山県世界遺産登録推進室長を務める。「史籍で読む日本の歴史５」（吉川弘文館）、「和歌山県史中世　検出遺構からみた西庄Ⅱ遺跡について」、「熊野古道 世界遺産の道」（自然公園№679）などがある。

早稲田大学国際言語文化研究所

日本人の原風景Ⅱ
お伊勢参りと熊野詣

編著者　池田雅之
　　　　辻林　浩
発行者　伊藤玄二郎
発行所　かまくら春秋社
　　　　鎌倉市小町二―一四―七
　　　　電話〇四六七(二五)二八六四
印刷所　ケイアール
平成二十五年十月七日　発行

ISBN978-4-7740-0605-5 C0095

かまくら春秋社

日本人の原風景 I

古事記と小泉八雲

池田雅之／高橋一清 編著

日本人の原風景が映された出雲
「ほんとうの日本」を探し求めて
神話世界を小泉八雲と旅する一冊

古事記編纂 1300 年を機に『古事記』と小泉八雲、そして出雲に関係の深い作家、歌人、研究者、神職者ら11 人が自由闊達な文章で日本の原風景を今に蘇らせます。

執筆陣

◉藤岡大拙　◉岡野弘彦　◉阿刀田高　◉真住貴子
◉池田雅之　◉小泉凡　◉牧野陽子　◉瀧音能之
◉錦田剛志　◉横山宏充　◉高橋一清

定価 本体 2000 円＋税・上製・四六判・232 頁